Vítima do Desejo

Vítima do Desejo

Psicografia de **Sônia Tozzi**

Pelo espírito **Irmão Ivo**

LÚMEN
EDITORIAL

Vítima do desejo
pelo espírito Irmão Ivo
psicografia de Sônia Tozzi

Copyright © 2015 by
Lúmen Editorial Ltda.

4ª edição – Agosto de 2021

Coordenação editorial: *Ronaldo A. Sperdutti*
Projeto gráfico e arte da capa: *Casa de Ideias*
Impressão e acabamento: *Renovagraf*

Dados Internacionais de Catalogação na Publicação (CIP)
(Câmara Brasileira do Livro, SP, Brasil)

Ivo, Irmão (Espírito).
  Vítima do desejo / pelo espírito Irmão Ivo ; psicografia de Sônia Tozzi. – São Paulo : Lúmen Editorial, 2015.

  ISBN 978-85-7813-163-0

  1. Espiritismo 2. Psicografia 3. Romance espírita I. Tozzi, Sônia. II. Título.

15-04592   CDD-133.93

Índices para catálogo sistemático:
1. Romances espíritas : Espiritismo   133.93

Av. Porto Ferreira, 1031 - Parque Iracema
CEP 15809-020 - Catanduva-SP
17 3531.4444

www.lumeneditorial.com.br | atendimento@lumeneditorial.com.br
www.boanova.net | boanova@boanova.net

2021
Proibida a reprodução total ou parcial desta obra
sem prévia autorização da editora
Impresso no Brasil – *Printed in Brazil*
4-08-21-200-9.700

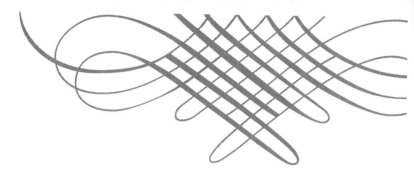

Sumário

Prefácio 7
1 O nascimento de Sueli 10
2 A menina cresceu 17
3 A festa de quinze anos 28
4 Emoções à flor da pele 42
5 E começam as mentiras 48
6 A sedução 59
7 A tentativa de abuso 67
8 O arrependimento 77
9 A tentação é grande 82
10 As mentiras continuam 90
11 A entrega 100
12 A cúmplice 113

13	Em busca da verdade	123
14	O confronto se aproxima	140
15	O flagrante	153
16	A hora da verdade	164
17	O fruto da leviandade	177
18	Uma solução inadequada	195
19	A consumação do crime	212
20	A extirpação	227
21	A volta ao pecado	244
22	A decepção e a volta por cima	258
23	O confronto	271
24	O encontro com Deus	281
25	A dor da tragédia	289
26	O mundo espiritual	300

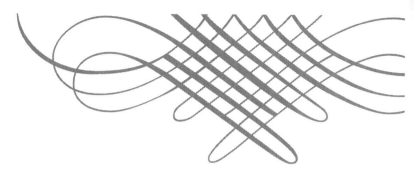

Prefácio

O que na verdade é a vida na Terra?

Estradas floridas por onde caminhamos livres e soltos, sentindo o perfume inebriante que emana da natureza perfeita, criação de um Ser perfeito que nos presenteia todos os dias com tamanha beleza... ou será a felicidade plena, na qual as ondas do mar embalam silenciosas seus navegantes... ou ainda a ilusão de que aqui estamos para sermos amados?

Viver é sentir o coração palpitando de alegria todas as horas do dia, olhar para o céu infinitamente azul e sentir no peito o desejo forte de abraçar as estrelas no firmamento... ou ser as aves coloridas que vão e voltam batendo graciosamente suas asas... correr pelos bosques verdejantes de folhagens que balançam ao vento, banhar-se nas cascatas de águas limpas e sentir na alma a felicidade suprema?

Fomos criados apenas para usufruir das maravilhas do Universo, sem termos nenhuma tarefa a cumprir que não seja "ser feliz a qualquer preço"?

Absolutamente, não!

Não viemos para a Terra aprender a ser amados, mas, sim, para aprender a amar, aprender a lutar contra o desespero que nos enfraquece e, não raro, nos torna náufragos da nossa inconsciência, aprender a dar a atenção justa aos nossos desejos para que jamais caiam na leviandade do delírio carnal – enfim, nós estamos aqui para aprender a perceber a grandiosidade do amor divino e espalhar esse amor por onde passarmos, sem medo, porque sabemos que a luz que clareia nossos pensamentos é a mesma que norteia nossos passos, ou seja, a luz de Deus fazendo-se presente em nossa alma.

A Terra é a grande escola onde todos nós somos aprendizes, é o lugar propício para aprender e exercitar o amor fraternal, pois este é o único caminho para a conquista da felicidade sonhada.

Esta oportunidade nos é dada pelo Criador, cabe a nós fazer bom uso desse momento, dessa encarnação; cabe a nós distinguir o que na verdade são as ervas daninhas que corroem nossa alma e saber retirar com sabedoria uma a uma para que nosso coração se torne um terreno fértil para o amor universal crescer.

Como diz Dr. Klein, mentor do Lar de Amparo à Gestante Ricardo Luiz: "Devemos acordar do orgulho excessivo, do egoísmo, da intolerância e da imprudência, antes que não tenhamos mais nada a perder, porque muitas vezes o que perdemos torna-se difícil e penoso de reaver".

As aflições irão aparecer, as enfermidades e os sofrimentos também, mas é preciso aprender a sofrer com Jesus no coração, porque os lírios nos dão testemunho de que a beleza se sobrepõe à sombra. E, como alguém já disse: "A beleza é a sombra de Deus sobre o Universo".

Sônia Tozzi

1

O nascimento de Sueli

Quando o sol entrou pela janela do quarto de Sílvia, ouviram-se também os primeiros gritos de Sueli, que, recebendo o amor de seus pais e todos os cuidados necessários, fazia sua entrada no plano físico.

A alegria se misturava com as lágrimas da mãe, que, dirigindo olhares de amor e ternura ao pequenino ser que colocavam em seus braços, agradecia ao Pai pela benção que recebia naquele instante, com o nascimento de sua primeira filhinha, tão ansiosamente esperada.

Não quisera ir para o hospital, optara por realizar o parto na própria casa, apesar da insistência do Dr. Jonas, seu marido, poderoso médico da pequena cidade de Minas Gerais.

— Quero que minha filha nasça em nossa casa – dissera Sílvia –, em nosso quarto, recebendo nas suas primeiras horas na Terra o calor do sol e o perfume das flores do nosso jardim.

— Querida, isso não é prudente, temos à nossa disposição o melhor hospital da região, com todos os recursos necessários para que tudo corra bem... Por que essa teimosia?

— Não é uma questão de teimosia, querido, é uma questão de sonho alimentado durante muitos anos – exclamou Sílvia docemente. E continuou: – Sei que Sueli será uma pessoa diferente, sinto isso em meu coração. Quero que acostume desde cedo a amar a natureza, a sonhar com as estrelas, a se aquecer no sol, enfim, quero mostrar-lhe a vida como acredito que deva ser.

"Minha esposa é uma sonhadora", pensava Jonas, "vou ter que ficar atento para que ela não estrague essa menina. A vida não é feita de sonhos, mas de realidade, de luta incessante para conquistar o que almejamos. Vou precisar ficar atento".

Dr. Jonas, virando-se para Sílvia, disse:

— Graças a Deus tudo correu bem, nossa filha está aqui conosco; agora somos três, uma família completa, só nos cabe a partir deste instante criar nossa filha dentro das regras da nossa sociedade.

— É verdade – concordou Sílvia –, meu sonho acaba de se realizar, sou muito feliz, querido.

— Agora durma, deixe que Jandira cuide da bebê, você precisa descansar.

— O doutor tem razão, D. Sílvia, está tudo bem.

— O médico já foi embora?

— Já, querida, acabou de sair com a enfermeira, disse que volta amanhã para ver como você e Sueli estão. Agora, descanse.

Fecharam as cortinas e perceberam que Sílvia logo adormeceu. A criança, acomodada em seu bercinho ao lado da mãe, dormia serenamente.

— Que quadro bonito, Dr. Jonas – disse Jandira. – O encontro de mãe e filha possui a beleza do amor.

— Tem razão, Jandira, mas fico um pouco preocupado com a educação de Sueli.

Admirada, Jandira perguntou:

— Desculpe, mas qual a razão da preocupação do senhor?

— Sílvia é muito romântica, muitas vezes ingênua, vive buscando nas estrelas respostas que nunca chegam. Receio que isso possa interferir na educação que pretendo dar para minha filha, ou seja, fazer dela uma pessoa forte, decidida, determinada, que ocupe um lugar de destaque. Sou médico e quero que minha filha siga minha história, quero que seja uma vencedora, assim como eu, e não uma sonhadora como a mãe.

Surpresa, Jandira respondeu:

— Desculpe, doutor, mas o fato de D. Sílvia ser uma sonhadora não a torna incapaz de dar a Sueli os princípios que devem nortear uma vida digna. Mesmo porque não acha que é a própria Sueli quem deve escrever a história dela?

Jonas olhou surpreso para a empregada.

— O que está querendo me dizer, Jandira? Seja sincera.

— Se me permite, doutor, quero apenas lembrar o senhor que está falando de uma pessoa que chega ao mundo com sua personalidade, um ser que traz em si tarefas para cumprir, alguém que precisará ser direcionada para um caminho de amor e dignidade, e não ser transformada em uma cópia sem direito a viver a própria história.

— Estou muito surpreso com tudo o que está me dizendo. Jamais imaginei que tivesse essa consciência.

— Perdoe-me, doutor, não tive a intenção de julgá-lo, muito menos de ensinar alguma coisa. Se me der licença, vou cuidar dos meus afazeres.

— Fique tranquila, agradeço por suas palavras sensatas. Está tudo bem, vou pensar nelas.

E saíram deixando Sílvia entregue aos seus sonhos.

Jonas dirigiu-se ao escritório – realmente se surpreendera com as palavras de Jandira. Ele pensava: "Cultura ela não tem, mas, pelo visto, deve ter a sabedoria da vida porque suas palavras fazem sentido. Não sei se Sílvia é romântica demais ou se sou eu quem precisa se emocionar mais".

Quatro meses se passaram desde o nascimento de Sueli. A mansão de Sílvia e Jonas tornara-se foco de alegria constante.

— Está feliz, querida? – perguntava Jonas à sua esposa.

— Jonas, eu me considerava uma pessoa feliz, realizada, mas hoje percebo que o que na verdade sentia era bem pouco em relação ao que sinto hoje.

— Como assim?

— Estou vivendo a felicidade plena; olho para nossa filha e é como se fosse um anjo que embalo em meus braços, a suprema bênção de Deus, enfim, nada mais ambiciono a não ser ter ao meu lado essa criaturinha que me leva ao ápice da felicidade. Vou traçar para ela uma vida de alegria, de sonhos e de felicidade.

Nesses momentos Jonas sentia um pouco de preocupação. Não sabia explicar exatamente o que sentia. Lembrava-se das palavras de Jandira e sentia que algo o incomodava.

— Querida, sinto-me como você, mas penso que não podemos colocar toda a nossa vida, nossa felicidade, sob a responsabilidade de alguém.

— O que você quer dizer?

— Quero dizer que me preocupa a maneira sonhadora como se comporta desde a chegada de Sueli. Você coloca nas costas dessa criança recém-nascida todas as suas expectativas de vida, isso é o que me preocupa.

— Como assim?

— Não podemos esquecer que ela crescerá e viverá a vida dela da maneira como acreditar que deva ser; o que podemos e devemos fazer é mostrar-lhe o caminho do bem e do respeito com as pessoas, mas as decisões e as escolhas serão dela, e precisamos estar preparados para entender que pode ser que nem sempre sejam aquelas que sonhamos e desejamos. Temos que encontrar um equilíbrio: você menos sonhadora e eu menos radical.

Sílvia olhou para o marido sem entender direito a situação.

— Não achei que pensasse dessa maneira. Sempre foi tão severo com seus conceitos, radical a ponto de achar que todos deveriam pensar e agir como você, o que fez você mudar assim?

— Na verdade, continuo o mesmo, Sílvia, nada mudou, continuo com os meus defeitos e minhas exigências, apenas tenho pensado que os pais não têm o direito de decidir pelos filhos o seu futuro; têm sim a obrigação de direcioná-los para o caminho digno, respeitoso, e nesse caminho fortalecer suas orientações por meio do exemplo. Sueli terá a vida dela, mas saberá que estaremos ao seu lado, atentos e amorosos sempre.

Sílvia ficou pensativa. "Ele tem conversado com Jandira", pensou, "ela sempre teve essas ideias. Durante esses anos todos em que trabalha aqui em casa tenho percebido suas veladas insinuações tentando mostrar com delicadeza onde poderia estar o engano".

— Em que está pensando, Sílvia? Ficou pensativa de repente, sentiu-se ofendida com o que lhe disse?

— Nada, apenas estranhei suas palavras e por instantes pensei que Jandira poderia estar por trás dessa súbita mudança de pensamento. Estou enganada?

— Não, não está. Realmente tenho conversado com Jandira e pude perceber que, por trás de sua pouca cultura, há algo muito maior: sabedoria, a sabedoria que só conseguem aqueles que a buscam nas palavras sagradas.

— Eu imaginei. E o que você quer que eu faça? Não acha que ela é ainda muito pequena, um bebê, para estarmos preocupados com isso? Não está fora do tempo?

— Penso que não. Preocupa-me sua maneira de pensar e agir desde o nascimento de nossa filha, preocupa-me o que pode vir a sofrer no futuro. Quero que a deixe viver sem colocar em suas costas a responsabilidade do seu sonho de felicidade, porque é o seu sonho, e talvez não seja o dela. Jandira disse-me algo que me marcou muito, Sílvia.

— Pode me dizer o que foi?

— Claro. Ela disse-me que os pais não devem querer e esperar que os filhos vivam a vida que gostariam de terem vivido, sonhem os mesmos sonhos, digam as mesmas palavras, enfim, precisam entender que cada um de nós é individualmente uma criatura de Deus.

Sílvia ficou por alguns instantes pensando nas palavras do marido.

— Estou admirada por ouvi-lo falar essas coisas, Jonas – disse-lhe. – Justo você, que sempre foi radical, um pouco inflexível, enfim, nunca aprovou meu modo de ser, vem me dizer que é preciso deixar que Sueli caminhe sozinha nessa vida tão cheia de armadilhas?

— Você não está entendendo, Sílvia, não é isso que estou tentando lhe dizer. Quero que compreenda que cada um de nós possui o direito de escolha. O que nós, pais, podemos e devemos fazer é mostrar o melhor caminho sem desrespeitar os desejos dos filhos se eles forem dignos e respeitosos.

— Isso quer dizer o que, exatamente?

— Quer dizer que não nos cabe impor sonhos aos nossos filhos, mas sim deixá-los navegar, sem deixar de ficar atentos ao primeiro sinal de perigo, só isso.

— Somos muito diferentes, Jonas.

— Realmente somos, e foi por isso que me apaixonei por você. Apesar de nossas diferenças, nos completamos por conta do amor que sentimos um pelo outro. Eu a amo, Sílvia – disse-lhe, emocionado.

Sílvia respondeu.

— Eu o amo, Jonas, muito!

E abraçaram-se, selando uma vez mais o amor que os unia.

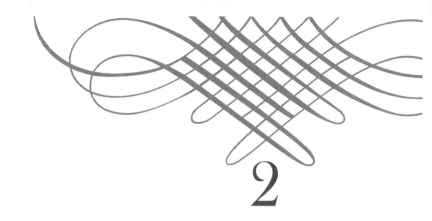

2

A menina cresceu

Sueli completara seis anos. Sua infância transcorria feliz. Ela alternava momentos de felicidade ao lado de seus pais – que não mediam esforços para agradá-la, sem, contudo, saírem do foco traçado anos atrás por ocasião de seu nascimento – com situações que, não raro, os deixavam apreensivos por conta do indício de uma personalidade forte.

Sílvia observava a filha brincando e reparava sua inquietação e quase agressividade. Quando irritada, pisoteava as flores do jardim tão bem cuidado, ou então batia no cãozinho que demonstrava passividade e carinho por ela. Ela pensava: "Por que Sueli age dessa maneira? Tento mostrar-lhe a beleza nas coisas simples, na natureza, com tão belas paisagens, nos animais, que ensinam aos homens a lealdade, mas parece-me que nada a encanta a não ser satisfazer sua vontade. Estou me perdendo, não sei como agir para cortar o mal pela raiz, como dizem".

"Há seis anos dedico-me inteiramente a ela", continuava com seus pensamentos, "tento ensinar-lhe os valores reais brincando de conversar com as estrelas, sonhar com o mundo além do horizonte que nossa vista tão frágil não consegue enxergar, mas que sem dúvida é a nossa fonte de vida, lugar onde habita o nosso Criador. Mas tudo parece em vão, sua reação é de descontentamento, incredulidade muito forte para uma criança ainda tão pequena".

Nessas horas, Sílvia dava vazão ao seu receio com poucas lágrimas que não se importava que molhassem seu rosto.

— Mãe – ouviu a vozinha de Sueli chamando. - Olha o que eu achei! – exclamou vitoriosa, mostrando dois ovinhos pequeninos de passarinho.

— Sueli, são ovos de passarinho. Por que os retirou do ninho?

— Porque são muito pequenos, mãe, não servem para nada! Eu não gosto de coisas muito pequenas.

Impressionada, Sílvia respondeu:

— Filha, os ovos dos passarinhos são pequenos porque eles também são pequenos. Dentro de um deles pode ter um filhotinho que vai nascer e se transformar em um lindo passarinho que virá cantar na janela do seu quarto, acordando-a para um novo dia. Vamos lá colocar novamente em seu ninho.

— Mas, mãe, eu quero brincar com eles, é um desejo meu!

— Eles não são brinquedos, Sueli, são pequeninas caixinhas que abrigam vida. Devemos respeitar as criações da natureza em todas as suas formas, filha.

— O que a senhora quer dizer, mamãe?

— Quero dizer que não devemos sair por aí destruindo tudo o que encontramos na natureza.

— Por quê?

— Porque tudo é criação do Papai do Céu, filha, e em tudo está presente a sabedoria divina. Nosso Pai que está no céu nada cria sem que haja uma razão justa, e em tudo está presente o benefício para a humanidade.

— E o que é humanidade?

— Humanidade é o conjunto dos homens que vivem na Terra para aprender, ou seja, todos nós viemos aqui para estudar.

— Então eu já estou na escola?

— Todos nós estamos, minha filha, porque a Terra, onde nós vivemos, é a grande escola para os homens aprenderem a se tornar bons, ajudarem uns aos outros.

— E quem já aprendeu tudo?

— Filha, o conhecimento é muito, muito extenso, e por isso não conhecemos tudo; ao contrário, quanto mais vivemos, mais aprendemos.

— Então não preciso ir mais à escola! – exclamou Sueli na ingenuidade de seus seis aninhos.

— Precisa, sim, filha. Lá você vai aprender outras coisas, muitas coisas que ajudarão você a entender a escola da Terra.

Demonstrando cansaço, Sueli disse:

— Mãe, estou cansada, posso brincar agora?

— Pode, mas primeiro coloque esses ovinhos no ninho, onde você encontrou, pois eles não são seus.

— Tá bom!

Vendo a filha sair em disparada, Sílvia pensou: "Senhor, não me deixe perder o foco. Que eu consiga levar minha filha para o caminho do amor ao próximo e a todas as coisas que fazem parte da Vossa criação. Sueli possui uma personalidade forte; quando quer alguma coisa, vai até as últimas consequências para conseguir realizar seus desejos. Dizem que sou sonhadora, que vivo sonhando com as estrelas, mas o que almejo na verdade é poder cada vez mais senti-Lo dentro de mim para que possa conduzir minha filha em Vossa direção".

O tempo não para e, entre acertos e erros da humanidade, prossegue no seu caminho abrindo oportunidades para todos. Aqueles que estão despertos conseguem perceber as marcas de Deus em todos os cantos do Universo e se integram nessa maravilhosa criação com sabedoria, justiça e amor, mas, os que se julgam espertos e trabalham para si próprios sem conseguir enxergar além de si mesmos um dia amargarão a dor da própria leviandade e egoísmo (Irmão Ivo).

Os anos passaram. O dia amanheceu em festa na casa de Sílvia e Jonas – Sueli completava quinze anos. Crescera entre os sonhos de sua mãe, que muitas vezes criticara, e a severidade do pai, que, percebendo a personalidade forte da filha e a dificuldade que ela sentia em entender o doce coração de sua mãe, tentava colocar limites em suas atitudes nem sempre inseridas na generosidade.

Sílvia, ao entrar no quarto da filha, aproximou-se de sua cama e disse:

— Quero acordar minha princesa com um gostoso beijo nesse rosto lindo.

— Oi, mãe – respondeu Sueli –, que horas são?

Sílvia levantou-se, afastou as cortinas e, abrindo a janela, respondeu:

— São nove horas!

— É muito cedo, mãe!

— Sueli, hoje é seu aniversário de quinze anos, temos muitos compromissos a cumprir até a hora de sua festa, e o primeiro deles é ir se arrumar no salão. Portanto, levanta e se arruma enquanto preparo seu café da manhã.

Sílvia saiu do quarto deixando a filha se espreguiçando na cama com o ar de quem dormiria por mais tempo. Ao entrar na cozinha, avistou Jonas e Jandira, que conversavam, e ouviu as palavras finais de Jandira:

— Não se preocupe, Dr. Jonas, uma hora ela vai se dar conta dos seus impulsos nem sempre generosos, e tudo começará a mudar.

Sílvia parou e ficou escutando o diálogo dos dois.

— Mas quando, Jandira? Esses anos todos tanto eu quanto Sílvia tentamos alertá-la, falamos de amor, mostramos quão felizes podemos ser quando somos generosos. Fui mais severo que Sílvia justamente para dar equilíbrio na sua educação, mas entristece-me perceber que Sueli é voluntariosa, para não dizer egoísta. Não sei na verdade onde eu e Sílvia estamos errando na sua educação.

— Os senhores não estão errando, sou testemunha disso. Estão apenas se esquecendo de que cada um de nós vem a esse mundo trazendo consigo sua própria personalidade. Sueli é uma boa menina, apenas não conseguiu ainda trabalhar em si mesma as fragilidades que todos temos, mas não é o caso de desanimar, muito pelo contrário. É preciso insistir mostrando-lhe principalmente através do exemplo que tudo se torna melhor, mais feliz, quando nos aproximamos das pessoas com respeito, carinho e amizade. Ela ainda não percebeu que recebemos das pessoas o que entregamos a elas. Ninguém dá o que não possui, e Sueli ainda não percebeu seu próprio potencial.

Jonas, cada vez que conversava com Jandira, mais bem impressionado ficava com a sabedoria de uma pessoa tão simples.

— Você é muito sábia, Jandira – disse com sinceridade.

— Não, Dr. Jonas, sou apenas uma pessoa atenta à vida que pulsa à minha volta.

Naquele momento, Sílvia entrou e, sem nada dizer, abraçou a companheira de tantos anos.

— Jandira, você é sem nenhuma dúvida um anjo que Deus colocou na nossa vida. Sou grata a você, minha amiga, por estar sempre perto de nós.

E voltou-se para o marido, dizendo:

— Querido, não imaginava quão preocupado você estava com Sueli. Eu tenho essa mesma preocupação, mas nunca quis trazer problemas para você. Sinto-me às vezes culpada por ser tão sonhadora e achar que tudo se resolve com meus sonhos.

Jandira interferiu.

— D. Sílvia, seus sonhos são justos, só trazem o bem e não anulam a sua realidade, porque mostram, na verdade, que somos o tempo todo guiados pela mão de Deus. Infelizmente, muitos ainda não sabem disso. No dia em que a humanidade descobrir a ligação entre os dois mundos, os homens serão mais justos e mais felizes.

— Obrigada, Jandira, você nos faz muito bem.

Enxugou as lágrimas que molhavam seu rosto e disse.

— Bem, agora vamos tratar do aniversário de Sueli, temos muita coisa para providenciar.

— Tem razão, querida, o que precisa que eu faça?

— Quero que tire Sueli da cama porque aposto que voltou a dormir.

— É pra já – respondeu Jonas sorrindo.

Assim que chegou ao quarto de Sueli, encontrou-a debruçada na janela, com o olhar perdido, completamente absorta.

— O que foi, filha? – perguntou, aproximando-se de Sueli.

— Oi, pai, não o vi entrar.

— Está com o semblante triste justamente hoje que deveria estar feliz, afinal completa quinze anos. Não é uma idade importante para uma mocinha?

— Claro, pai, é um dia importante para mim – respondeu Sueli. – Estou feliz.

— E qual a razão dessa carinha triste, preocupada? Está com algum problema?

Sueli abraçou o pai e lhe disse:

— Pai, às vezes sinto muita tristeza em meu coração.

— Posso saber o motivo?

— Claro. Fico pensando em por que não consigo ser a pessoa que minha mãe espera que eu seja.

Surpreso, Jonas perguntou.

— Como assim, Sueli? Explique melhor.

— Minha mãe é uma pessoa maravilhosa. Tenho a impressão de que sempre está conectada com algo que não entendo nem tenho conhecimento, enfim, não consigo acompanhá-la. Gosto e faço coisas que sinto não serem as que ela espera que eu faça, mas não consigo ser diferente, pai.

— Filha, não se culpe, as pessoas são diferentes umas das outras, pensam e agem de acordo com sua maneira de ser, mas isso não as faz melhor ou pior, desde que suas atitudes sejam de equilíbrio, de sensatez. Muda-se a maneira de agir, mas não muda o conteúdo do bem que deve estar presente em nosso modo de ver e viver a vida, você me entende?

Sueli, sentindo-se segura da proteção e do entendimento de seu pai, não segurou as lágrimas, que caíram copiosamente pelo seu rosto.

Jonas, na verdade, não entendia bem a razão da intranquilidade de sua filha, mas, tocado por sua insegurança, abraçou-a e disse-lhe com amor:

— Filha, seja mais clara. O que na verdade a preocupa?

— Pai, eu quero viver a minha vida do meu jeito, sob a minha ótica, ser eu mesma em todas as horas, errar e acertar, enfim, não quero viver à sombra de ninguém, nem de minha mãe.

— Você está me assustando, Sueli. O que tanto quer fazer que receia dizer claramente?

— Quero dizer que preciso ter liberdade, só isso. Quero realizar meus sonhos, satisfazer meus desejos sem me importar muito se são justos, viáveis ou não. – Parou e em seguida voltou a falar: – Quero apenas ser feliz, pai!

— Mas você é ainda muito nova, Sueli. Sua mãe tem razão em querer protegê-la, mostrar-lhe um caminho mais seguro no qual não encontrará tantos perigos.

— Que perigos, pai?

— Perigos inerentes à própria vida, filha, situações de risco. Sua mãe quer fortalecê-la para que não se engane ao fazer as escolhas que, se não forem sensatas, poderão levá--la ao sofrimento.

— Pai, tudo isso é um sonho da minha mãe. Ela vive sonhando com as estrelas e esquece que vivemos aqui, na Terra, e não no céu. É aqui que eu quero viver, gozando de tudo o que a Terra me oferece. E, se eu sofrer, faz parte do meu aprendizado, da minha vida.

Jonas cada vez mais se surpreendia com as palavras da filha.

— Tem razão. Tudo faz parte do nosso aprendizado, mas não se pode esquecer de que nem sempre precisamos passar por situações que nos levem a consequências desastrosas que anulam qualquer possibilidade de felicidade.

— O que o senhor quer dizer?

— Quero dizer, filha, que escolhas erradas, frívolas, inconsequentes nos jogam em abismos cuja saída é muito dolorosa. A leviandade pode trazer alegrias momentâneas, mas jamais a felicidade real. Certos atos marcam nossa alma para sempre, filha, e deixam cicatrizes que não se curam. Quando você diz que sua mãe vive sonhando com as estrelas, Sueli, na verdade o que ela faz é entrar em contato com o Criador e pedir por todos nós.

Após pensar um pouco, Sueli respondeu:

— Agora o senhor tocou em um ponto sobre o qual eu gostaria mesmo de falar.

— O que, filha?

— Pai, eu não acredito em Criador. Buscar soluções no céu, em um Ser que não acredito que possa existir é criancice. A vida está presente aqui na Terra e é aqui que devemos ser felizes, porque um dia tudo vai acabar. O importante é aproveitar esse momento, seja de que maneira for, porque as coisas que nos dão prazer pertencem a este mundo, e não às estrelas.

Jonas levou um susto com as palavras de Sueli. Tentou ainda argumentar:

— Filha, desde pequena você ouve falar de Deus, sempre procuramos orientá-la dentro desse conceito. Não consigo compreender por que diz não acreditar nas coisas espirituais.

— Pai, na verdade, a partir do momento em que consegui assimilar o que me ensinavam a esse respeito, nunca disse nada, mas não acreditava nessa possibilidade da existência de alguém superior que vive nas alturas.

— Por que nunca nos questionou?

— Porque preferi ouvir e continuar com meus próprios pensamentos. Só o senhor sabe dessa minha posição e peço que não diga nada à minha mãe.

— Não, minha filha, o assunto é sério, e penso que sua mãe tem o direito de saber. Agora lave seu rosto e vá tomar seu café; hoje é o dia do seu aniversário e queremos que seja um dia feliz para todos nós.

Jonas saiu deixando Sueli pensativa.

"Não sei se deveria ter contado ao meu pai que não acredito nessa crença de que Deus existe. Enfim, o que está feito não tem volta."

Enquanto isso, Jonas, ainda impactado pela revelação da filha, sentou-se na varanda de sua casa para pensar sobre o assunto.

— Meu Deus, nunca imaginei que Sueli pensasse dessa maneira. Isso me preocupa...

Ouviu a voz de Sílvia.

— Em que está pensando, querido? Hoje é dia de alegria, e não de nostalgia.

— Sílvia, amanhã precisamos ter uma conversa muito séria.

— O que aconteceu, Jonas?

— É um assunto delicado, agora não é hora. Amanhã conversamos, mas não precisa ficar preocupada. É apenas algo em que precisamos pensar para encontrar uma solução.

— Diz respeito à Sueli?

— Sim, mas não precisa se preocupar. Vamos aproveitar o dia de hoje, afinal, nossa filha completa quinze anos, e essa é uma data importante para as jovens, e para nós também.

— Tudo bem, querido, confio em você – respondeu Sílvia indo encontrar a filha.

"Meu Deus", pensou Jonas, "dê-nos sabedoria para conduzir nossa filha para o Teu caminho".

3

A festa de quinze anos

A festa de aniversário transcorreu animada.

Sueli exibia sua beleza desfilando majestosa entre os convidados. Admirada por todos, não economizava charme, sentindo-se orgulhosa de si mesma. Seus pais a observavam com preocupação. Percebiam a maneira com a qual se exibia, e isso os deixava tensos. Em cada atitude da filha notavam um ar de provocação com os rapazes, o que os deixava estimulados a conquistá-la.

Sílvia, aproximando-se do marido, disse:

— Jonas, estou muito preocupada e surpresa com o comportamento de Sueli em relação aos amigos, principalmente os rapazes.

— Eu também já percebi, Sílvia, e concordo com você.

— O que podemos fazer, Jonas?

— Apenas ficar atentos. Se ela continuar nesse joguinho que considero perigoso, terminamos com a festa.

Os dois se afastaram e cada um abrigou em seu coração o sentimento de frustração por perceber que Sueli, tão amada por eles, estava direcionando sua vida para o caminho da leviandade.

Em dado momento, Sílvia sentiu falta da filha. Chamou o marido e disse:

— Jonas, está chegando o momento principal da festa, quando ela irá dançar a valsa com você, e não a encontro em lugar algum.

Um pouco irritado, Jonas respondeu:

— Vamos procurá-la no jardim, deve estar conversando com as amigas.

Seguiram em direção ao jardim e, para surpresa de ambos, avistaram Sueli nos braços de Gilberto, entregue aos beijos e carícias que recebia do rapaz. Indignado, Jonas falou com voz autoritária:

— Sueli, pode me explicar o que é isso?

A jovem, movida pelo susto, afastou-se do rapaz e tentou explicar:

— Não é nada, pai. Gilberto é apenas um amigo, nada mais.

Estupefato com a resposta que considerou mais leviana e inconsequente que a atitude da filha, Jonas respondeu, aproximando-se mais do casal:

— Encontramos você aos beijos com esse rapaz e você diz que ele é apenas seu amigo?

— Pai, eu posso explicar – repetiu –, deixe-me falar.

— Não, não deixo. Sobre isso, vamos conversar em casa. Agora se recomponha e entre, a festa é lá dentro, no salão, e não aqui. – Antes de sair, dirigiu-se a Gilberto: – Quanto a você, rapaz, gostaria que fosse embora, mas antes vou lhe dar um conselho: respeite as pessoas que confiaram em você por julgarem que era um rapaz educado e respeitador.

Completamente envergonhado, Gilberto respondeu:

— Peço desculpas, Sr. Jonas. Percebo que não agi corretamente, mas devo dizer que durante todo esse tempo ela se insinuou, então não posso levar a culpa sozinho como se fosse um cafajeste.

— Boa noite – disse Jonas, afastando-se.

Sueli estava arrasada. Sabia que teria uma longa conversa com seus pais assim que chegasse em casa. Naquele momento, considerou bobagem dar qualquer explicação que justificasse sua atitude e pensou: "Eles nunca irão entender que sou jovem e que isso faz parte da juventude".

— Vamos entrar – disse-lhe Sílvia, que até então mantivera-se em silêncio.

Para Jonas e Sílvia, a festa tão amorosamente planejada perdera o brilho. Sentiam em seus ombros o peso da decepção. Olharam-se e, sem dizer uma palavra, entenderam a dor presente em cada um.

Sueli continuava a se comportar de modo leviano. Para ela, tudo era permitido porque era jovem, então não se abalou porque acreditava ser natural na sua idade. Não deixou que o que para seus pais era leviandade encobrisse o brilho de sua festa. Sorria e desfilava entre os convidados, exibindo sua beleza e juventude.

Faltando pouco para amanhecer, o salão vazio e as luzes apagadas mostravam para Sueli que o sonho acabara e que a partir dali a vida prosseguiria no seu ritmo natural.

Entraram em casa e, sem que seus pais dissessem uma palavra sequer, Sueli se antecipou:

— Por favor, sermão a esta hora, não. Estou cansada e com sono, deixem a bronca para amanhã.

— Claro, filha – respondeu Jonas. – Nós também estamos cansados. Vamos todos dormir, amanhã conversaremos a respeito dessa festa.

— Então, boa noite! – exclamou Sueli.

— Boa noite, filha – responderam os pais –, durma bem.

Assim que entraram no quarto, Sílvia disse ao marido:

— Jonas, fiquei surpresa e decepcionada com as atitudes de Sueli durante toda a festa. Ela não parava de se exibir para os rapazes. Para mim, parecia querer conquistar um a um.

— Penso como você, Sílvia, também fiquei preocupado com nossa filha. Amanhã vamos sentar e conversar com ela, tentar entender o que a fez agir assim, de maneira tão leviana.

— É, vamos fazer isso. Agora vamos dormir, querido. Sei que, assim como eu, também está cansado.

— Tem razão – concordou Jonas.

Em seu quarto, Sueli, preparando-se para deitar, pensava em como o dia seguinte seria difícil: "Meus pais não vão deixar passar em branco o que viram. São muito antiquados, não podem querer que eu leve a minha vida do mesmo jeito que minha mãe leva a dela, sonhando com as estrelas".

Aconchegou-se na cama, enrolou-se nas cobertas macias e disse:

— É melhor dormir, não vou poder mudar nada mesmo. Amanhã é enfrentar as feras.

E logo dormiu.

Ao contrário de Jonas, Sílvia não conseguia pegar no sono. A preocupação com Sueli a impedia de adormecer. Ela levantou-se sem fazer qualquer barulho para não acordar o marido, foi até a varanda de sua sala, que presenteava a todos com a maravilhosa vista da serra, e, olhando para as estrelas, conectou-se com a espiritualidade: "Senhor, Criador de todo o Universo, diante da magnitude das estrelas, que brilham no firmamento, dirijo-me ao Senhor para pedir-Lhe por minha filha Sueli. Não consigo perceber em qual momento cometi erros que a fizeram se comportar de maneira tão leviana; tenho medo, Senhor, receio não poder ajudá-la a perceber o caminho inconsequente que começa a percorrer. Muitos dizem que me perco ao sonhar com as estrelas, mas são elas que me levam até o Senhor. Através da beleza que ostentam, consigo alcançá-Lo, porque permito que meu sentimento saia livre e solto do meu coração e se lance em Vossa direção, buscando ardentemente as respostas que se fazem, por enquanto, obscuras para mim".

Enquanto pensava, não se importava com as lágrimas que timidamente molhavam sua face. Tão absorta estava que se assustou ao ouvir a voz carinhosa de Jonas chamando-a.

— Querida, vem dormir, já está quase amanhecendo. Sei que está sofrendo muito, eu também estou, mas tranquilize-se, porque amanhã vamos conversar com Sueli e acredito que conseguiremos fazê-la pensar nas imprudências que estão norteando sua vida.

Sílvia abraçou o marido e, levada por ele, voltou para o quarto. Em poucas horas, os raios de sol entrando pela janela acordaram Sílvia, que, espreguiçando com vontade, levantou-se para cumprir suas tarefas matinais. Olhou para Jonas ainda adormecido e pensou: "Meu Deus, eu Vos agradeço pelo homem bom que colocaste em minha vida. Sei que nós dois juntos venceremos essa questão que envolve nossa filha. Permita que os bons Espíritos possam nos intuir o caminho a seguir para alcançarmos o êxito". Dirigiu-se à cozinha e encontrou Jandira, que a aguardava com a mesa pronta.

— Bom dia, D. Sílvia!

— Bom dia, Jandira – respondeu Sílvia de maneira lacônica.

Jandira, percebendo o desânimo da sua patroa, perguntou:

— Não dormiu bem, D. Sílvia? Parece-me desanimada. Diria até mesmo triste.

— Tem razão, minha amiga, estou mesmo muito triste.

— A festa não foi boa? Aconteceu alguma coisa que a deixou assim tristonha?

— Sente-se aqui perto de mim, Jandira – disse Sílvia.

Jandira sentou-se ao lado e logo perguntou:

— Alguma coisa relacionada a Sueli?

— Minha amiga, pena que você não estava lá. Por que não quis ir à festa de Sueli?

— D. Sílvia, já não tenho mais idade nem vontade de ir a certos lugares. Estou cansada, prefiro ficar em casa, no meu canto, mas torci muito para que tudo desse certo. Foi tudo bem, não foi?

— A festa estava ótima, muito bonita, todos estavam alegres, enfim, como nós esperávamos. O problema não foi com a festa em si, mas com Sueli, que conseguiu deixar-nos muito apreensivos com suas atitudes.

— Santo Deus, o que ela fez?

Com detalhes, Sílvia colocou Jandira a par de tudo o que aconteceu.

— E é isso, minha amiga. Ficamos preocupados com a maneira como Sueli agiu, se exibindo para os rapazes, fazendo exposição de si mesma. Tanto Jonas quanto eu ficamos chocados com seu comportamento. Hoje teremos uma conversa com ela a esse respeito.

— Não tiro a razão de vocês – concordou Jandira. – É preciso mesmo alertá-la quanto aos perigos que envolvem essa atitude, a meu ver, leviana.

— Essa é a palavra certa: leviandade ostensiva, que não raro leva ao arrependimento, que por sua vez traz o desejo triste de voltar e nem sempre conseguir. Portanto, Jandira, temos muito receio de aonde esse comportamento de Sueli poderá levá-la.

— Tranquilize-se, D. Sílvia. Tanto a senhora quanto Dr. Jonas saberão conduzir Sueli para o caminho da prudência e do equilíbrio. Pode ser que ela estivesse deslumbrada com a festa, com sua própria beleza. Ela é ainda muito nova, portanto, está em tempo de retroceder e perceber seu engano.

— Tem razão, Jandira, estou apostando nisso. Meu receio é que Sueli não acredita em nada que não seja palpável, critica-me dizendo que vivo sonhando com as estrelas e que elas não poderão fazer nada por ninguém. O que ela não entende é que esse é o meu modo de falar com Deus, olhar para as estrelas, que nada mais são do que as marcas da Sua grandiosidade.

— Acho muito bonito o jeito de ser da senhora, a fé que a fortalece.

— E onde podemos encontrar força e coragem para enfrentar as pedras que muitas vezes surgem no nosso caminho senão no amor de Deus, na sua misericórdia, na sua compaixão com aqueles que sofrem na quitação de seus débitos? Quando olhamos para o céu, conseguimos perceber a bondade do olhar de Deus sobre nós.

— Desculpe a minha pergunta, mas, nesses anos todos que estou a seu lado, percebi passo a passo a sua mudança, cada vez mais serena, confiante, equilibrada. É uma mudança notória. A senhora é espírita?

— Sou, Jandira. É incrível, mas nunca conversamos sobre isso, e talvez agora seja o momento. Sou espírita, estudo a Doutrina há muitos anos através dos livros da Codificação, e outros tantos, não frequento nenhum centro espírita, nem sei por que, mas os ensinamentos, as revelações estão dentro do meu coração, Jandira, me fazem bem e me proporcionam viver de acordo com o que aprendo.

— Foi essa fé que transformou a senhora em uma pessoa melhor. Quando preenchemos nosso coração com a verdade de Jesus, torna-se mais fácil transitar pelas dificuldades sem queimar nossos pés.

— Mas agora me diga: penso que você também seja adepta da mesma Doutrina. Em todos esses anos, percebi a maneira como você trata as pessoas, as coisas que você fala, enfim, sempre foi generosa, compreensiva conosco. Seus conselhos, em todos os momentos, nos direcionaram para uma solução equilibrada. Você também agasalha em seu coração os ensinamentos espíritas?

Sorrindo, Jandira respondeu:

— Sim, D. Sílvia, sou espírita há muitos anos. Sempre fui discreta porque aprendi que não devemos impor nossas crenças a ninguém, as pessoas devem descobrir por si mesmas. Demonstro minha crença através do meu comportamento. Diferente da senhora, frequento semanalmente uma casa espírita, lugar onde encontro paz e fortaleço minha fé.

— Minha amiga querida – disse Sílvia, abraçando-a –, eu e Jonas sempre a consideramos uma pessoa da nossa família e somos gratos por todas as palavras de estímulo que ouvimos de você e por todos esses anos que está ao nosso lado como um anjo bom.

E a conversa foi interrompida pela voz de Jonas:

— Posso fazer parte dessa conversa?

— Claro, querido, sente-se e tome seu café.

— Sueli já acordou? – perguntou com preocupação.

— Creio que não. Até agora não apareceu para tomar seu café, coisa que faz assim que acorda – respondeu Jandira.

— Então faça-me um favor, Jandira, vá até seu quarto e diga-lhe para descer porque precisamos conversar.

— E se ela ainda estiver dormindo, Dr. Jonas?

— Acorde-a! – exclamou Jonas demonstrando irritação.

Jandira imediatamente dirigiu-se ao quarto de Sueli. Encontrou-a sentada de frente para a janela, absorta em seus pensamentos.

— Sueli, o que faz aí sentada? Não vai descer para tomar seu café?

Virando-se, Sueli respondeu:

— Estou criando coragem para enfrentar meu pai, Jandira.

— Mas por quê? – perguntou Jandira. – Por que esse medo de seu próprio pai, que sempre a tratou com tanto carinho?

— É que ontem, na minha festa, fiz algo que magoei muito meus pais e sei que vou ser alvo da indignação deles.

Passando a impressão de que nada sabia, Jandira respondeu:

— O que você fez de tão grave?

— Deixa pra lá, vou criar coragem e descer. Aposto que veio me chamar a pedido de meu pai, acertei?

— Acertou.

— Então vamos – falou Sueli. Levantou-se e, passando à frente de Jandira, desceu ao encontro de Jonas e Sílvia.

Seus pais conversavam enquanto faziam o desjejum.

— Bom dia – falou com timidez.

— Bom dia, minha filha – respondeu Sílvia –, sente-se e tome seu café.

— Dormiu bem? – perguntou Jonas.

— Não tanto quanto gostaria, pai, mas deu para descansar.

— Por que, filha, o que a preocupava a ponto de interferir em seu sono?

— A senhora sabe, mãe. Sei o que vou enfrentar agora com vocês: irão me atacar com um sermão interminável, como sempre fazem quando algo não os agrada.

Jonas se manifestou:

— Se tem essa preocupação, filha, é porque reconhece que fez por merecer ouvir o que temos a lhe dizer. Tome seu café, depois vamos conversar.

Sueli, sem nada dizer, sentou-se em silêncio e desfrutou dos quitutes deliciosos feitos por Jandira. Assim que se deu por satisfeita, disse aos pais:

— Pronto, estou à disposição de vocês, podemos conversar.

— A senhora quer que eu saia, D. Sílvia? – perguntou Jandira.

— Não, Jandira, prefiro que fique. Nada temos a esconder, e você sempre diz palavras sábias, que nos fazem muito bem.

— Agora vamos aos fatos – disse Jonas. – O que você tem a nos dizer, Sueli, a respeito do seu comportamento de ontem durante toda a festa? Espero que seja bem convincente, porque para nós foi um comportamento deplorável.

— Por que o senhor acha que foi tão deplorável, pai? Foi apenas o comportamento de qualquer adolescente saudável, nada mais que isso.

— Você chama de saudável a maneira como você se insinuava para os rapazes? O jeito que se exibia mostrando uma vaidade sem limites, caindo nos braços de qualquer um? É isso que chama de saudável?

— Seu pai tem razão, minha filha, não foi um comportamento elegante. Diria até que foi vulgar, e isso nos decepcionou muito – falou Sílvia, com a voz mais carinhosa que a do marido.

— Estou esperando uma explicação!

Timidamente, Sueli respondeu:

— Não consigo ver nada de ruim na maneira como me comportei. Sou uma adolescente e agi como tal, sem dizer que Gilberto não é qualquer um, é o rapaz do qual estou a fim. Apenas fiquei com ele, que mal há nisso?

— Mal nenhum, se seu comportamento não fosse o que eu e sua mãe presenciamos.

— E o que foi que vocês presenciaram de tão negativo, pai?

— Você sabe, Sueli, e não vou repetir. Só quero que entenda, minha filha, que as atitudes levianas que tomamos não nos levam a nada, ou melhor, levam, sim, ao sofrimento de ver nossos sonhos irem por água abaixo, deixando nosso coração vazio de amor, entregue à volúpia dos desejos carnais, que são passageiros. É preciso ter muito cuidado com nossas atitudes, Sueli, não brincar com o imaginário dos outros. E foi o que você fez, minha filha, durante toda a festa, anulou o que há de mais bonito em uma comemoração de quinze anos, a delicada ingenuidade da aniversariante.

— Seu pai tem razão, filha – disse Sílvia –, você é muito nova, tem muito que aprender, portanto, não faça nada que possa ser motivo de arrependimento mais tarde. Certas coisas que perdemos podem ser muito difíceis, ou quase impossíveis, de recuperar.

— Vocês não estão exagerando?

— Pensamos que não – respondeu Jonas. – É preciso dar atenção aos nossos atos, porque podem fazer a diferença mais tarde, para melhor ou para pior, dependendo do que fazemos.

— Pai, o senhor acha que devo ser igual à minha mãe, mas sou diferente, não tenho vocação para ficar sonhando, olhando para as estrelas, passar horas meditando. Não sou assim, pai, sou mais prática, gosto das coisas que trazem retorno, alegria, satisfação de viver, só isso.

Sílvia argumentou:

— Filha, não queremos que você seja igual a mim. Cada um tem a própria personalidade, seus sonhos e ideais. O que queremos é que saiba distinguir as coisas com conteúdo das vazias, que nada de bom podem nos trazer. É preciso conquistar o que queremos de maneira equilibrada, coerente e saudável, só isso. Se assim não for, corremos o risco de cair na leviandade, que com certeza acaba nos levando ao sofrimento.

Jonas interferiu:

— Você nos disse que está a fim daquele rapaz, o Gilberto. Estar a fim quer dizer se jogar nos braços dele?

— Mais ou menos, pai. Estávamos apenas nos conhecendo melhor.

— E qual será a impressão que ele teve de você?

— Não sei!

— Não sabe? Pois vou lhe dizer: de uma garota fácil, que prioriza as sensações físicas, sem na verdade saber quem é seu parceiro. O que na verdade importa para quem age assim são as emoções, e não a pessoa em si, e isso é perigoso, Sueli.

— Gente, eu o conheço da escola, é o rapaz mais desejado das meninas!

— Você o conhece apenas, mas não sabe quem ele é. Aliás, nada sabe a seu respeito, a não ser que é o rapaz mais desejado pelas meninas. Na realidade, você quis mostrar para suas amigas o seu poder de sedução, entende isso, minha filha?

Sueli silenciou. Não tinha argumentos para enfrentar seu pai. Ele estava certo, queria apenas mostrar para suas colegas que poderia ter quem quisesse.

Jonas percebeu que havia atingido o alvo, e continuou:

— Filha, você completou quinze anos, é apenas uma adolescente, portanto, reavalie seus conceitos para não iniciar sua vida adulta alicerçada nos prazeres materiais de qualquer ordem. A vida é muito mais que isso; é beleza, equilíbrio, limite, sensatez, generosidade, e é também, por que não, sonhar com as estrelas, pois esses sonhos, como diz sua mãe, nos aproximam de Deus. Não podemos usufruir da felicidade real sem a presença de Deus em nós.

Sentindo-se atingida e emocionada, Sueli abraçou seus pais e lhes disse:

— Desculpem-me, vou tentar entender tudo isso que vocês me disseram, mas confesso que sinto dificuldade em compreender esses sonhos, essas questões espirituais. Prometo que vou tentar.

— Estaremos sempre ao seu lado, filha, prontos para orientá-la no que precisar.

— Nós a amamos! – exclamaram seus pais, beijando-a com carinho.

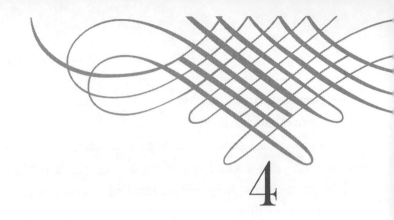

4
Emoções à flor da pele

Sueli caminhava tranquilamente por entre as árvores da praça quando ouviu uma voz conhecida chamando-a.

— Sueli, espere!

Olhou para o lugar de onde vinha o som e se surpreendeu com a figura bonita e sempre atraente de Gilberto.

— Gilberto! Não o vi mais desde minha festa de aniversário.

Gilberto aproximou-se, abraçou-a e disse:

— É verdade, mas não foi culpa minha. Lembra que tentei falar com você por telefone e sempre me diziam que você não estava?

— É verdade – concordou Sueli –, eu pedia para dizerem isso. Na verdade, tinha receio de encontrar você.

— Posso saber o motivo?

Mas, antes que Sueli respondesse, ele continuou:

— Venha, vamos sentar e conversar um pouco. Existem muitas coisas que gostaria de lhe dizer.

Sentaram-se em um banco próximo.

— Agora me diga a razão pela qual me evitou.

Um pouco constrangida, Sueli respondeu:

— Bem, Gilberto, eu acho que não me comportei de maneira legal no nosso encontro na festa. Senti-me envergonhada quando meus pais nos viram e depois conversaram comigo sobre minha conduta, que não aprovaram.

Gilberto sorriu.

— Não acredito que apenas uns beijos que trocamos foram motivo para tanto. Eu estava a fim de você e senti que você também, portanto, qual o mal nisso?

Sueli não sabia o que responder porque na verdade pensava como ele, não conseguia ver mal nenhum em ficar com alguém que a interessava, mas tentava ser como seus pais queriam que fosse.

— Sabe, Gilberto, eu penso como você. Não vejo mal algum, mas meus pais mostraram-me um lado diferente e eu estou fazendo o possível para compreender o que de verdade eles tentam me ensinar. Procuro controlar meus impulsos, mas sinto-me sufocada.

Gilberto, experiente, viu naquele momento uma oportunidade de novamente tê-la em seus braços, sem com isso assumir nenhum compromisso. Irresponsável, abraçou-a dizendo:

— Sueli, por que sufocar os desejos que sentimos? Eu quero tê-la novamente em meus braços, sinto que você também, por que não dar vazão aos nossos desejos se a vida é curta e precisamos aproveitar nossa juventude sentindo as emoções naturais que o contato físico nos proporciona?

Sem esperar resposta, beijou-a ardentemente, deixando crescer em Sueli cada vez mais a emoção de ser desejada. Ela correspondeu, entregando-se ao beijo, que se tornava cada vez mais ousado, até que percebeu que estavam em um lugar público. Afastou-se.

— Por favor, Gilberto, chega, estamos em um lugar público, não vamos nos expor dessa maneira.

— Por que não vamos para um lugar mais reservado?

Sueli, sentindo o perigo rondar, respondeu:

— Não. Por que iria se não somos nada um para o outro?

Irritado, Gilberto respondeu:

— O que está querendo dizer, Sueli? O que é isso agora?

— Estou querendo dizer que não vou ser para você apenas um instrumento de desejo. Você está apenas a fim de mim e, se você quer o que estou pensando, somente satisfação, estou fora.

Levantou e saiu quase correndo. As emoções se confundiam em seu peito. Lembrava-se dos conselhos de seus pais, mas, ao mesmo tempo, sentia grande atração por Gilberto. Pensou: "Meu Deus, ajude-me porque sou fraca para lutar sozinha contra mim mesma".

A atração que sentia por Gilberto era muito forte para desprezar; sentia-se importante pelo fato de um rapaz bonito, admirado por todas as suas amigas, olhar para ela, desejar seu beijo. Os pensamentos se embaralhavam em sua mente enquanto apertava o passo para se distanciar de Gilberto.

— Preciso resistir – falava para si mesma. – Meus pais devem ter razão. Comporto-me como uma garota fácil, leviana, e isso não deve ser bom para minha vida futura.

Chegando em casa, subiu correndo para o quarto tentando evitar um encontro com sua mãe, mas não obteve sucesso, pois Sílvia, vendo-a chegar tão afoita, preocupou-se e, sem demora, foi ao seu encontro. Entrando em seu quarto sem bater na porta, encontrou Sueli chorando.

— Filha, o que aconteceu, por que está chorando?

— Nada, mãe.

— Nada não pode ser – respondeu Sílvia, preocupada. – Alguma coisa aconteceu que a deixou desse jeito. Conte-me, por favor.

— Não aconteceu nada, mãe, já disse. Eu gostaria que me deixasse em paz, isso é coisa minha.

— Se é coisa sua também me diz respeito. Vamos, diga logo o que aconteceu, porque é óbvio que aconteceu alguma coisa. Caso contrário, não estaria chorando dessa maneira.

Sentindo-se pressionada pela mãe, não teve outra saída senão colocá-la ciente de seu encontro com Gilberto.

— Encontrei com Gilberto por acaso. Ficamos conversando e, sem que eu percebesse direito o que acontecia, estávamos nos beijando. Foi apenas isso, mãe, que aconteceu.

Sílvia mal podia acreditar no que acabara de ouvir.

— Você encontra por acaso um rapaz que não vê há tempos e me diz que, sem perceber, estavam se beijando? É isso mesmo o que eu ouvi?

— É, mãe, é isso mesmo.

— Filha, você acha que isso está certo?

— Se está certo ou não, mãe, eu não sei. O que sei, na verdade, é que gosto dele e tenho enorme atração por ele, mesmo sentindo que não sou correspondida, ou melhor, percebo que ele quer apenas se divertir comigo.

— Então, filha, por que se entrega tão facilmente a esse rapaz se você mesma disse sentir que não é correspondida?

— Porque não consigo resistir, mãe, só por isso. Sinto um desejo mais forte do que eu; desejo que ele me abrace e me beije.

— Então se afaste dele! Fuja antes que se torne um brinquedo em suas mãos. Se ele gostar de você, vai querer um relacionamento respeitoso, e não um passatempo. Você é muito nova, Sueli, apenas uma adolescente. Não coloque em sua vida manchas que jamais irão se apagar.

— Eu sei, mãe, só não sei como fazer.

— Que tal começar prestando mais atenção nas palavras das pessoas que a amam, sair da defensiva e aceitar os conselhos salutares que com certeza poderão levá-la a atitudes equilibradas? E, principalmente, tentar compreender e aceitar que somos apenas criaturas, minha filha, e que somos subordinadas ao Criador, que nos ama e espera que todas as suas criaturas sejam felizes por si mesmas, pela consciência de que a felicidade está subordinada ao que fazemos dela, ou seja, a aceitação e o esforço em adquirir as virtudes que nos levam a ser felizes.

— A senhora quer dizer sonhar com as estrelas, é isso?

— Não. Quero dizer aceitar Deus na sua vida porque somente Ele nos direciona para a felicidade, se vivermos de acordo com seus ensinamentos. Somos responsáveis pela nossa vida na Terra, filha, e somente nós temos autonomia para decidir o que na verdade queremos, para fazer nossas escolhas e para ter forças para vencer os desafios.

— Isso não é muito complicado, mãe?

— Pode ser para os fracos e descrentes, não para os fortes.

— Mas eu me sinto uma pessoa fraca! – exclamou Sueli.

— Não, filha, você apenas não descobriu sua força porque está dando mais atenção à sua matéria, aos seus desejos, acreditando que a felicidade está na satisfação do seu corpo.

Sueli abraçou a mãe e disse:

— Me ajude, mãe. A senhora é uma pessoa forte, me ajude a ser também; às vezes, quando me deito para dormir, entrego-me ao medo de não saber conduzir minha vida, sinto-me frágil e insegura.

— Filha querida, estarei sempre ao seu lado, assim como seu pai. Confie em nós e em você mesma, na capacidade que possui de controlar seus impulsos para não se machucar muito. Ao deitar, ore e faça de Jesus o farol para iluminar suas noites de busca, e Sua luz clareará a sombra.

As duas abraçaram-se fortemente. Sílvia alimentou a esperança de ter, de alguma maneira, tocado o coração da filha, de ter conseguido mostrar-lhe os valores reais que nos protegem das atitudes levianas.

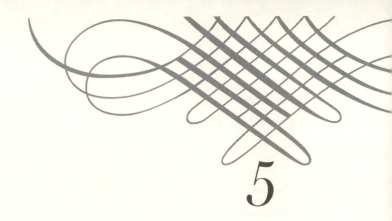

5
E começam as mentiras

Gilberto, sentado a uma mesa de bar, conversava com Bernardo, seu melhor amigo.

— Então é isso, Bernardo, por mais que eu tente não consigo engatar uma relação com Sueli. Sei que ela também me deseja, mas não sei a razão pela qual ela foge de mim.

— Gilberto, você já me confirmou por várias vezes que não a ama, por que insiste em querer se relacionar com ela?

— Por motivo óbvio, amigo. É bonita, interessante, beija muito bem apesar da pouca idade e deixa claro que está a fim de mim, ou seja, é um bom divertimento, não acha?

Indignado com as palavras do amigo, Bernardo respondeu:

— Surpreende-me sua falta de respeito em relação a uma menina ingênua, que nem imagina estar caindo nas garras de um verdadeiro lobo. Isso não o incomoda?

— Evidentemente que não. Estamos em meados do século vinte, meu amigo, hoje tudo é diferente. As meninas não são bobas ou ingênuas como antigamente, sabem o que querem e não se importam com as consequências, desde que realizem seus desejos de conquista.

— Não concordo com você, nem todas são assim, e Sueli não é uma dessas. Ela não passa de uma sonhadora que não sabe direito o que quer para sua vida e fica encantada por estar sendo alvo do interesse do rapaz mais desejado entre as garotas.

— Como você sabe de tudo isso? Por acaso está interessado em Sueli?

Bernardo, pego de surpresa, intimidou-se, mas não impediu que Gilberto o alfinetasse.

— Já percebi, amigo, você está a fim dela, ou melhor, está gostando e muito da Sueli, acertei? – perguntou, provocativo.

— Claro que gosto dela, mas da mesma forma que gosto de outras garotas, e me incomoda a maneira como se refere a ela, como se fosse apenas um objeto que lhe dará prazer.

— Não é assim como você fala. Sinto atração por ela, não vou negar, e não vejo mal algum em querer tê-la em meus braços se ela também me deseja.

— Gilberto, ela é muito nova, adolescente ainda. Cuidado, meu amigo, cuidado para não se enroscar.

E pensou: "Meu Deus, como posso dizer a ele que gosto dessa garota? Só não me aproximo dela porque iria comprar briga com Gilberto, mas não vou permitir que ele a faça sofrer".

— Ficou pensativo de repente, Bernardo. Não sei, mas desconfio que aí esteja escondido um sentimento bem maior que uma simples amizade, acertei? – perguntou sorrindo.

Criando coragem, Bernardo respondeu:

— Se quer mesmo saber, acertou. Gosto, sim, da Sueli, mas não traio amigo meu, portanto, não precisa ficar apreensivo.

Gilberto ficou surpreso com as palavras de Bernardo.

— Incomoda minha aproximação a Sueli?

— Não se for movida por respeito e sentimento sincero, mas não vou permitir que a faça sofrer, Gilberto, porque ela não merece.

— Calma, amigo, não tenho a intenção de fazê-la sofrer, apenas digo que não tenho nenhuma intenção séria a seu respeito. Ela é jovem e eu também, portanto, nenhum do dois tem pressa para nada, você me entende?

— Entendo. Agora, se me der licença, preciso ir.

Levantou-se, despediu-se do amigo e partiu. Gilberto disse a si mesmo, vendo-o caminhar a passos ligeiros:

— Ele a ama, tenho certeza disso. É melhor eu me afastar de Sueli, não quero estremecer uma amizade de tantos anos.

Os pensamentos se confundiam na mente de Bernardo. Na realidade, ele não sabia que direção tomar. Gostava de Sueli, e isso era um fato, mas, por outro lado, temia o confronto com Gilberto.

"O que é mais importante para mim" se questionava, "o amor ou a amizade?".

Achou que o mais prudente seria voltar até Gilberto e esclarecer a situação de uma vez por todas. Assim que se aproximou, teve uma grande surpresa. Sentada ao lado dele estava Sueli.

— Meu Deus – disse a si mesmo –, o que faço agora?

Ia se afastar quando Gilberto, vendo o amigo, gritou:

— Bernardo, junte-se a nós, venha!

Instintivamente, Bernardo, acatando a sugestão do amigo, juntou-se a eles.

— Como vai, Sueli?

— Olá, Bernardo, estou bem e você?

— Ótimo!

— Sente-se, que bom encontrar você – falou Sueli.

— Muito bom para mim também, Sueli – respondeu Bernardo. – Já se passou um ano da sua festa de quinze anos e, apesar de sempre nos encontrarmos, nunca paramos para conversar. Estranho, não?

— É verdade, por que será que nunca paramos para conversar?

— Não sei, deve ser a pressa que sempre nos move.

— É, deve ser.

— Posso entrar na conversa? – perguntou Gilberto.

— Claro – disse Sueli –, parei aqui para conversar com você mesmo, quero lhe fazer um convite.

— Convite? Para quê?

Antes de responder, Sueli dirigiu-se a Bernardo.

— Para você também, Bernardo, foi bom nos encontrarmos. Minha amiga vai dar uma festa em uma chácara para comemorar dezoito anos, vocês não gostariam de me acompanhar?

— Sem convites?

— Não seja bobo, Gilberto. Mara me deu carta branca para convidar quem eu quisesse, e se vocês forem será mais fácil conseguir a autorização de meus pais, porque estarei acompanhada.

Os dois amigos se olharam. Na realidade, não sabiam o que responder, pois um não queria magoar o outro.

— O que você pensa disso, Bernardo?

— Por mim, tudo bem, Gilberto. Será um prazer acompanhar vocês.

— Então está bem, Sueli, iremos com você. Quando será essa festa?

— No próximo sábado. Vocês podem me pegar em casa às oito horas, mas saibam que a festa vai rolar a noite inteira, tudo bem?

— Por nós, tudo bem, Sueli. Não sei para você... seus pais irão concordar?

— Com eles eu me entendo.

— Se é assim, está combinado. Passamos na sua casa às oito horas do sábado.

Sueli deu um beijo no rosto de cada um e foi embora. Gilberto, aproveitando a oportunidade, perguntou ao amigo:

— Por que você voltou, Bernardo?

— Porque queria conversar com você.

— Não quer mais?

— Não sei se vale a pena.

— Sempre vale a pena, amigo, até imagino o que seja.

— Se imagina, posso lhe dizer que é isso mesmo, não dá para fingir mais.

— Você gosta muito de Sueli, é isso?

— Sim. Não gosto apenas. Cada vez que a vejo tenho certeza de que a amo, mas sei também que ela nunca irá olhar para mim, só pensa em conquistar você. Durante todo esse tempo que passou desde a festa de quinze anos, ela nunca se interessou em ao menos falar comigo. Sei que sou invisível para ela.

— Mas ela também o convidou para a festa.

— Ora, Gilberto, convidou porque, por coincidência, eu estava aqui na hora. Caso contrário, nem se lembraria.

— E o que você quer que eu faça?

— Como assim?

— Confesso que percebo que Sueli joga todo o seu charme para mim. Não quero magoá-lo, mas também não sei o que fazer. Você sabe que sinto atração por ela e cada vez fica mais difícil ignorar suas investidas.

Cabisbaixo, Bernardo respondeu:

— O que posso lhe dizer, amigo, é que não tenho como impedir essa situação. Nem tanta amizade eu tenho com a Sueli para interferir na vida dela. Siga seus sentimentos. Só lhe peço que não a use somente por desejo, mas a respeite e, se for da vontade de vocês dois, construam uma relação forte de amor. Nada mais posso dizer, o amor é uma via de mão dupla, e essa via somente eu estou percorrendo. Não esqueça, meu amigo, que ela só tem dezesseis anos, é uma garota.

Gilberto admirou a conduta do amigo e pensou: "Ele é muito melhor do que eu. Se fosse o contrário, lutaria até o fim para trazê-la para mim, não respeitaria nem aceitaria essa situação".

Separaram-se, e cada um seguiu seu caminho dando vazão aos próprios pensamentos.

— Acho que a perdi mesmo – lamentava Bernardo –, mas se é o que ela quer, que seja feliz.

Sueli, eufórica, entrou em casa.

— O que foi, filha, que alegria é essa? – perguntou Sílvia.

— Nada de especial, mãe, estou apenas alegre.

— Fico contente em vê-la assim, tão animada.

— Mãe, preciso pedir uma coisa para a senhora e o papai.

— Pode falar – ouviram a voz de Jonas, que acabara de entrar –, estou aqui para atender ao pedido de minha filha querida.

— Que bom, pai, espero que atenda mesmo, porque quero muito.

— Diga, filha, o que deseja?

Com receio, Sueli disse:

— Pai, lembra-se da minha amiga Mara?

— Claro, filha, é sua amiga há tantos anos.

— Pois é, ela faz aniversário no próximo sábado e vai fazer uma festa em uma chácara. Será durante a noite, até o amanhecer, e eu gostaria muito de ir. O senhor permite?

Jonas olhou para Sílvia.

— O que você acha, Sílvia? Penso que ela é ainda muito jovem para ir a uma festa desse tipo.

— Penso como você, querido, não sei se seria adequado.

Irritada, Sueli interferiu.

— Vocês nunca acham que as coisas são adequadas para mim, não permitem que eu faça nada que todas as jovens fazem. Não sou melhor nem pior que as meninas da minha idade, só quero me divertir enquanto posso. Isso é normal, nada tem de estranho. Mara vai completar dezoito anos, seus pais estarão lá, sua família toda estará presente, qual o mal nisso?

— Com quem você pretende ir?

— Com Gilberto e Bernardo.

— Não simpatizo com esse Gilberto, Sueli, você sabe disso. Quanto a esse outro rapaz, não o conheço, então pergunto-me se são boas companhias para você.

— Está vendo, mãe? Ninguém é bom para mim. Só falta me colocarem em uma redoma de vidro. Vocês precisam confiar em mim, já completei dezesseis anos, não sou tão criança assim, tenho noção do que é certo e errado, mas vocês não me deixam provar isso.

Jonas e Sílvia olharam-se, como que interrogando um ao outro. Jonas tomou a iniciativa e disse:

— Está bem, Sueli, pode ir a essa festa. Estamos confiando em você, portanto, não nos faça nos arrepender de ter permitido.

Sueli, dando pulos de alegria, abraçou seus pais.

— Não irão se arrepender, eu prometo.

— Assim nós esperamos – respondeu Sílvia.

Sueli passou a contar os dias que antecediam a festa: "Vou estar com Gilberto", pensava feliz. "Dessa vez acredito que ele vai me pedir em namoro; há muito tempo espero por isso".

Enquanto Sueli sonhava com o que poderia acontecer na festa entre ela e Gilberto, Jonas e Sílvia, preocupados, conversavam a respeito.

— Não sei, Jonas, sinto um aperto no peito só de pensar na minha filha sozinha nessa festa. Acho estranho uma festa que dura a noite inteira; não sei se fizemos bem em permitir que ela fosse.

— Eu também me preocupo, Sílvia, mas não podemos impedir Sueli de viver como as outras meninas de sua idade. Sabíamos que esse dia iria chegar, vamos confiar nos ensinamentos que sempre passamos para ela. Como ela mesma disse, a família de Mara estará presente, creio que seus pais não a deixariam sozinha em uma chácara com tantos jovens.

— Tem razão, vamos confiar na nossa filha.

Sílvia, apesar de tentar demonstrar despreocupação para seu marido, estava longe de se sentir tranquila. Sabia que Sueli tinha dificuldade em respeitar regras e conselhos, por mais que demonstrasse o contrário.

— Desculpe-me, D. Sílvia, mas estou observando a senhora e percebo que está tensa, preocupada. Gostaria de conversar? – perguntou Jandira.

Sílvia olhou com carinho para a amiga de tantos anos e, confiando como sempre em sua sabedoria comprovada ao longo do tempo, disse:

— Você é uma grande amiga, Jandira, cada vez mais sei que posso confiar em você. Realmente, estou tensa, sim, porque não sei se a atitude que eu e Jonas tomamos foi a mais acertada.

— Está se referindo a Sueli?

— Sim.

Em poucas palavras, colocou Jandira ciente de tudo o que estava acontecendo.

— D. Sílvia, nesse caso, não sei o que dizer, porque não possuo conhecimento suficiente para isso. Como analisar e preconceber as atitudes das pessoas? Na verdade, as reações de cada uma, muitas vezes, são diferentes de tudo o que imaginamos. Receio opinar por não estar certa do que seria o melhor. Conhecendo desde sempre a educação que deram a ela, o exemplo de respeito e dignidade, acredito que tudo isso irá conduzi-la a um caminho seguro, mas, como disse, as pessoas possuem a própria personalidade e agem de acordo com ela.

— É isso o que me incomoda, Jandira, a personalidade de Sueli. Ela não consegue enxergar além do que deseja. Para ela, tudo é normal, natural para sua idade, não mede as consequências de seus atos, na maioria das vezes, insensatos. Receio que ela vá além da prudência nesse jogo que está fazendo com esse rapaz.

Entristecida, Jandira olhou para sua patroa e amiga e pensou: "Meu Deus, permita que os anjos a protejam. Tenho o mesmo receio que sua mãe. Ela não consegue se controlar, é bem capaz de ir às últimas consequências".

Sílvia, percebendo o ar preocupado de Jandira, perguntou:

— Em que está pensando, posso saber?

— Nada, D. Sílvia, apenas fiz um pedido a Nosso Pai para que a proteja, só isso.

— Obrigada, amiga! – exclamou Sílvia emocionada.

Sueli mal podia esperar pelo dia da festa. Pela primeira vez, ia se divertir sozinha, sem a presença dos pais. "Até que enfim", pensava, "vou ficar livre para agir como gosto e como acho normal para alguém da minha idade". A ansiedade tomava conta do seu ser. Na sua imprudência, não se dava conta dos perigos que ameaçam os inconsequentes, os que agem com leviandade visando apenas o prazer imediato. Foi surpreendida pelo telefonema de Mara.

— E aí, amiga, conseguiu permissão para vir na minha festa?

— Incrível, Mara, mas consegui.

— Vai ser de arromba, amiga.

— Deixe-me perguntar: seus pais estarão presentes, não?

— Até certa hora, depois irão dormir e estaremos livres.

— Seus pais são assim, liberais?

— Claro, não veem nada de mais em jovens quererem se divertir.

— Diferentes dos meus, Mara. Se souberem disso, não me deixam ir.

— Então não conte, simples assim.

— Tem razão.

— Até sábado.

— Até sábado – respondeu Sueli, sentindo um misto de alegria e preocupação.

"Nossa, como os pais dela são liberais! Melhor assim, ficaremos mais à vontade. Talvez essa seja a oportunidade de me entender com Gilberto de uma vez por todas."

6

A sedução

Os dias que antecederam a tão esperada festa foram, para Sueli, cheios de ansiedade. Mal podia acreditar que pela primeira vez iria participar sozinha de uma festa desse porte sem ser vigiada por seus pais. Nem pensava que nessa festa poderia haver armadilhas perigosas. O que para ela importava era saber que estaria com Gilberto da maneira que sempre sonhara estar, à vontade para receber os carinhos mais ousados que ele tentava em todos os seus encontros.

"Nem me importo se será por uns minutos ou para sempre", pensava. "O importante é viver o momento e ser feliz."

— Sonhando, minha filha? – Sueli ouviu a voz de sua mãe e, assustada, respondeu:

— Oi, mãe, estava distraída, nem percebi a senhora entrar.

— É, notei isso. Pensando na festa de sábado, eu aposto!

Rindo, Sueli respondeu:

— Mãe é fogo... acertou.

— Sabe o que é, filha? Mãe conhece bem quem viveu nove meses em seu útero. Posso saber em que pensava?

— Em nada de especial, mãe. Estou apenas ansiosa, pois é a primeira vez que participo de uma festa assim.

— Assim como? Alguma novidade que não sei?

— Claro que não, mãe, é uma festa normal, igual a todas as outras, o que me deixa ansiosa é que, pela primeira vez, vou sozinha com meus amigos, só isso.

Sílvia não sabia se sentia alívio ou preocupação.

— Espero não me arrepender de ter concordado com isso, você é muito nova, inexperiente e muito sonhadora com situações que ainda não deveriam acontecer na sua idade.

— O que é isso, mãe? – perguntou indignada. – Tenho dezesseis anos, não sou nenhuma criança.

— Realmente, não é criança, mas é ainda muito nova para viver certas emoções, você me entende, Sueli?

— Entendo, mãe, pode ficar tranquila, não vou fazer nada de errado.

— Espero que não, confiamos em você.

Beijou o rosto da filha e saiu, deixando-a com seus sonhos.

"Não sei", pensou Sílvia, "Sueli está muito ansiosa, tenho muito receio. Deus permita que não estejamos errando com ela". Sem se dar conta do receio de seus pais, Sueli se ocupou em preparar a roupa que usaria na tão sonhada e esperada festa.

O sol entrando pela janela do quarto de Sueli anunciou o novo dia. Espreguiçando demoradamente, Sueli abriu as cortinas e, feliz, admirou o céu azul que embelezava aquela manhã.

— Bom dia, natureza, hoje é um grande dia – disse em voz alta, sorrindo. – Hoje talvez seja o dia mais importante para mim, não sei, mas algo me diz que alguma coisa muito importante vai acontecer e mudar radicalmente a minha vida tão sem graça.

— Falando sozinha? – perguntou Jandira, entrando com uma farta bandeja de café.

— Falando com minha vida, Jandira, dizendo a ela que precisa mudar, sair dessa mesmice, desse marasmo em que vivo, e hoje tenho grande chance disso acontecer.

Preocupada, a fiel empregada respondeu:

— Cuidado, menina, muito cuidado com o brilho que quase sempre esconde uma armadilha.

— O que você quer dizer?

— Quero dizer para não ir com muita sede ao pote. Primeiro é preciso perceber se a água que ele contém é cristalina.

— O que é isso, Jandira, virou filósofa agora? – exclamou com um sorriso cativante.

— É evidente que não. Quem sou eu senão uma ignorante? Sei apenas o que a vida me ensinou, e não é pouco.

— Deixa isso pra lá. Me passa essa bandeja, pois acordei com muita fome.

Com carinho maternal por aquela que vira nascer, Jandira colocou a bandeja em cima da mesinha ao lado da cama e saiu dizendo:

— Assim que terminar, é só me chamar que venho retirar a bandeja.

— Espere – disse Sueli –, meus pais já acordaram?

— Ainda não vieram tomar o café. Hoje é sábado, sempre dormem até mais tarde.

— Tudo bem, pode ir e obrigada.

Sueli nutria por Jandira um carinho muito grande, pois fora praticamente criada por ela. Sabia que sempre estaria ali, pronta para servir e ajudar em tudo. Era o anjo bom, como sempre dizia.

Ansiosa, Sueli tomou o café oferecido, saboreando os deliciosos quitutes de Jandira. "Impressionante como tudo o que Jandira faz é muito bom", pensava. "Se eu não me cuidar vou acabar ficando imensa. Bem, agora vou ao que na verdade me interessa: escolher uma roupa bem bonita e atraente para hoje à noite. Quero deixar Gilberto apaixonado, se é que ele já não está, afinal, todas as vezes que nos encontramos ele só pensa em me beijar, só pode mesmo estar apaixonado por mim." Olhou-se no espelho e o que viu deixou-a feliz e envaidecida. Seus cabelos castanhos contrastavam com os olhos azuis, dando-lhe, ao mesmo tempo, um ar angelical e atraente. A pele sedosa, fruto de constantes cuidados, chamava a atenção de todos. "Sou muito bonita", concluiu, "portanto, nada tenho a temer. É evidente que Gilberto sente-se atraído por mim e, para ser franca, eu também sinto-me atraída por ele".

— Hoje à noite vai ser nosso encontro de verdade – falou, rodopiando feliz e indo olhar suas roupas no armário.

Não se deu conta das horas até que Sílvia, entrando em seu quarto, disse-lhe:

— Filha, sabe que horas são?

— Para falar a verdade, não, mãe, estou distraída arrumando minhas coisas. Algum problema?

— Problema nenhum, apenas estranhei sua demora em sair do quarto, mas vejo que nada mais tem importância para você a não ser essa festa que, a bem da verdade, quanto mais se aproxima mais meu coração se angustia.

— Por que, mãe? É uma festa como outra qualquer, qual a razão de tanta preocupação? Já fui a tantas festas com vocês, por que essa a preocupa?

— Justamente aí está a minha preocupação. Você sempre foi conosco, mas nessa, não. Vai sozinha a uma festa programada para virar a noite, e em um sítio.

— Mãe, já disse que os pais de Mara vão estar lá. Toda a família dela vai estar lá, que perigo há nisso?

— Talvez você tenha razão, devo estar me preocupando sem motivo. Tudo bem, filha, continue com seu entusiasmo. Vou ajudar Jandira a finalizar o almoço.

E saiu, deixando Sueli pensativa: "Porque será que mãe tem sempre que pensar o pior? O que pode acontecer senão alegria nessa festa?". Sem dar maior importância, continuou sua procura pela roupa perfeita.

A tarde passou rápido e logo Sueli estava pronta esperando pela chegada de Gilberto, que viria buscá-la em casa.

— Bernardo não veio? – perguntou Sueli assim que se despediu de seus pais e entrou no carro de Gilberto.

— Ele vai com alguns amigos, encontraremos com ele na festa.

Mudando de assunto, Gilberto perguntou:

— Toda essa produção foi feita para mim? Está linda!

O coração de Sueli disparou. "Ele reparou", pensou, "isso quer dizer que não sou indiferente para ele".

— Não gostou do que eu disse?

— O quê?

— Que você está linda!

— Claro que gostei! Que garota não gostaria de receber um elogio?

Entusiasmado, Gilberto largou uma das mãos do volante, colocou-a na perna de Sueli, que o vestido curto deixava à mostra, e deu um aperto, alisando-a em seguida.

— Por favor, Gilberto, assim não – disse Sueli.

— Posso saber por quê? Que mal há em fazer um carinho em pernas tão bonitas?

— Mal algum se fosse em outra situação.

Espantado e sem entender a colocação de Sueli, Gilberto perguntou:

— O que quer dizer com outra situação?

— Quero dizer que não somos namorados, apenas amigos, e amigos não fazem carinho desse tipo.

"Ela vai ser fácil", pensou Gilberto.

— Por isso, não – disse, parando o carro na beira da estrada. Virou-se para Sueli, sem que ela esperasse ou dissesse alguma coisa, beijou-a e disse: – Pronto, agora somos namorados. Você aceita?

Com o coração disparado de ansiedade e emoção, Sueli respondeu:

— Está falando sério?

— Claro! Quer namorar comigo?

— Quero, quero muito!

Rapidamente Gilberto puxou-a para si, abraçou-a fortemente e beijou-a, e foi correspondido.

— É melhor parar por aqui, Gilberto.

— Por quê? Não está gostando?

— Estou, mas também estou achando que não é nada adequado o que estamos fazendo, na beira da estrada, no escuro. É perigoso. É melhor seguir até o sítio.

— Devo entender que isso é uma promessa?

— Não. Deve entender que não é por aí que vamos começar um namoro. Tenho apenas dezesseis anos, Gilberto, não quero começar a minha vida amorosa dessa maneira.

— De que maneira, Sueli? Eu sei que só tem dezesseis anos, mas não está morta. Ao contrário, é saudável, é natural que também sinta desejos como uma jovem mais adulta. Não consigo ver onde está o problema.

— Aprendi com minha mãe que o natural é conjugar o desejo com o amor, e não tenho certeza de que você sinta amor por mim.

Gilberto começou a ficar irritado: "Preciso ir mais devagar, ela é muito romântica, cheia de dengos, vou ter que ter paciência".

— Tudo bem, Sueli – disse-lhe –, você tem razão. Desculpe a minha falta de jeito, mas você mexe muito comigo, é muito bonita para alguém não sentir desejo por você. Fique tranquila, vou me conter. Agora, vamos.

Ligou o carro e seguiram em direção ao sítio de Mara. Assim que chegaram, encontraram Bernardo, que sem rodeios foi dizendo:

— Por que demoraram tanto? Saímos praticamente juntos e já estou aqui há muito tempo.

— Tivemos um pequeno problema, mas tudo está devidamente resolvido, não está, Sueli?

Timidamente, ela respondeu:

— Claro, Gilberto, tudo bem.

— Então vamos nos divertir.

Bernardo sentiu que alguma coisa havia acontecido. Aproximou-se do amigo e perguntou:

— O que houve de verdade, Gilberto? Você não tentou nada com ela, não?

— Calma, Bernardo. Tentar eu até tentei, mas ela é muito cheia de não me toques. Sabe aquela garota mimada, sonhadora, enfim, vou ter que agir com paciência.

Bernardo se irritou.

— Não faça nada que ela não queira, Gilberto. Sou seu amigo, mas vou defendê-la se preciso for.

— Calma, por que essa irritação? Não aconteceu nada, foi apenas tentativa, já disse.

— Então pare por aí, vou ficar de olho em você.

Afastou-se sentindo a angústia dos corações apaixonados e não correspondidos.

7

A tentativa de abuso

A festa rolava animada. O sítio, enfeitado com esmero, mostrava aos convidados a alegria dos pais de Mara em comemorar mais um ano de vida da filha querida. Entre os convidados, viam-se sorrisos e a alegria contagiante, misturados aos balões e quitutes cuidadosamente preparados.

Sueli e Gilberto transitavam de mãos dadas, e a felicidade iluminava o rosto de Sueli. De vez em quando, Gilberto, mais afoito, abraçava a namorada e beijava-a com verdadeira paixão, sem se importar com os olhares e comentários.

— Por favor, Gilberto – dizia-lhe Sueli –, seja mais discreto. Não gosto de ficar me exibindo.

Visivelmente irritado, ele respondeu:

— É melhor parar com isso de uma vez, Sueli. Já tenho idade suficiente para não ficar só andando de um lado para outro de mãozinha dada com namoradinha. Você quis ser minha namorada, então aja como tal. Mesmo porque, não foi assim que você se comportou há um ano, no dia de seu aniversário. Lembro-me do quanto você gostou e se entregou aos meus beijos. Por que agora quer dar uma de boa moça?

Antes que Sueli dissesse qualquer coisa, ele a arrastou para um lugar discreto, encostou-a em uma frondosa árvore e, enlaçando-a, beijou-a com avidez. Passando a mão por debaixo da blusa de Sueli, acariciou-a sem se importar com os apelos dela, que, amedrontada, pedia que parasse.

— Eu sou uma boa moça, Gilberto, por favor, pare, eu não quero isso.

— As boas moças também sentem prazer, meu bem. Namoradas são para satisfazer os namorados.

Sueli entrou em pânico. Percebeu a real intenção de Gilberto quando ele violentamente levantou sua saia. Sem alternativa, gritou pedindo ajuda. Gilberto segurou-a com força, dizendo:

— Se der mais um pio, não respondo por mim. É melhor ficar bem quietinha e aproveitar.

— Você é um cafajeste!

Sueli começou a chorar e, quando tudo parecia perdido, ouviu alguém dizendo:

— Eu lhe disse que iria se ver comigo se tentasse alguma coisa com Sueli que ela não quisesse, seu covarde.

Assustado, Gilberto virou-se e sem demora Bernardo acertou-lhe um soco no rosto que o levou ao chão, sangrando pela boca.

— Seu cafajeste! Vou lhe ensinar a respeitar as pessoas, principalmente moças indefesas e crédulas como Sueli.

Deu-lhe outro soco. Mal conseguindo ficar de pé, Gilberto levantou-se cambaleante e disse com dificuldade:

— Seu traidor, você vai me pagar com juros o que acabou de fazer, pode esperar.

— O que vier de você não me assusta mais. Neste momento conheci o verdadeiro Gilberto, portanto, nossa amizade termina aqui.

— Bernardo! Foi Deus quem o mandou aqui – disse-lhe Sueli em lágrimas. – Eu não queria isso, nunca pensei que Gilberto fosse tão ardiloso, tão sem caráter. Me enganei, estou envergonhada, mas pode acreditar, Bernardo, eu aprendi a lição.

— Fique tranquila, Sueli, eu estava de olho em vocês. Senti que alguma coisa poderia acontecer e não os perdi de vista.

Sueli não parava de chorar.

— Como fui boba, imprudente. Não quis ouvir a minha mãe, mas agora sei o que ela queria me dizer. Quase perdi minha dignidade por alguém que não me merece.

Delicadamente, Bernardo pegou nas mãos de Sueli.

— Venha, vamos embora. Vou levá-la para casa.

— Como vamos voltar se você veio com seus amigos e eu com o Gilberto?

— Não se preocupe, peço o carro do Celso. Sei que ele não vai se opor. Ele voltará com Diego, que também veio de carro.

Assim fizeram. Sem se despedirem de Mara ou de seus pais, saíram discretamente, deixando Gilberto entregue a si mesmo, saboreando o gosto amargo da imprudência e da leviandade.

— Bernardo vai me pagar caro – dizia a si mesmo. – Se ele pensa que tudo vai ficar assim, engana-se. Vai ter volta, e das mais bravas.

Tão perdido estava em sua revolta que nem percebeu a chegada de Mara e de seus amigos.

— O que aconteceu, Gilberto? – perguntou a amiga, preocupada. – Ouvimos umas vozes alteradas e viemos ver o que estava acontecendo. Onde está Sueli?

Com dificuldade devido ao ferimento em sua boca, Gilberto aproveitou a oportunidade e colocou em prática seu plano de vingança.

— Sueli e eu estávamos namorando, felizes, quando Bernardo chegou e, louco de ciúme, me agrediu covardemente, sem dar nenhuma chance de defesa.

— Mas por que ciúme? Vocês dois são tão amigos.

— Porque ele ama Sueli e não se conforma de ser eu o escolhido dela.

— E qual foi a reação de Sueli?

— Ela gritou pedindo ajuda, acho que foi nessa hora que vocês ouviram, mas Bernardo, completamente alterado, agarrou-a pelas mãos, foi puxando-a contra a vontade dela para o carro não sei de quem, e levou-a embora. A coitadinha saiu aos prantos, pedindo que a deixasse, pois queria me ajudar. Foi em vão, Bernardo não ouviu seus apelos.

Mara mal podia acreditar no que acabara de ouvir.

— Estranho isso. Bernardo sempre foi calmo, tranquilo, é difícil acreditar em tamanha violência. Bem – disse Mara –, vamos lá dentro cuidar desses ferimentos.

Ajudado pelos amigos, Gilberto acompanhou Mara até o interior da casa onde sua mãe, com delicadeza, limpou seu rosto, colocando os remédios adequados para aliviar a dor.

— Estou sem acreditar em tudo o que me disseram – disse à filha. – Você sempre elogiou esse rapaz, é difícil aceitar essa conduta tão imprudente.

— É, o amor cega as pessoas, principalmente quando não é correspondido – falou Gilberto, tentando colocar mais lenha naquele fogo que ele mesmo acendera.

Sua mente maldosa alimentando o rancor, a mágoa e o desejo de vingança atraíam cada vez mais as moscas do mal, que se alimentam dos sentimentos mesquinhos que corroem e levam o imprudente a se afundar no lamaçal da inconsequência e da dor. Gilberto não avaliava as consequências de suas palavras, da sua mentira. Queria apenas atingir Bernardo, que descobrira quem ele era na verdade. O covarde se alimenta da mentira, esconde-se na leviandade de prejudicar quem quer que seja, contanto que permaneça escondido dentro de si mesmo.

Bernardo e Sueli faziam o caminho de volta em silêncio. Nenhum dos dois se atrevia a dizer qualquer coisa. Bernardo, respeitando a dor daquela que amava, e Sueli amargando a decepção, o fim de seus sonhos. A realidade fora dura demais para aquela jovem sonhadora e romântica. As lágrimas desciam silenciosas por sua face. Sentia um misto de tristeza e vergonha. Fora agredida de maneira torpe e só conseguia expressar a dor que sentia pelas lágrimas. "Minha mãe tinha razão", pensava. "Ela sempre acerta em seus conselhos. Eu que sou impulsiva o suficiente para não ouvi-la. Como me arrependo de todas as vezes que bati de frente com ela e meu pai. Meu Deus, precisou acontecer tamanha agressão para eu descobrir que nada sei da vida e das pessoas." Seus pensamentos ficavam turvos, e o choro se fazia mais intenso.

Bernardo, por sua vez, pensava que graças à sua desconfiança conseguira salvar Sueli do que seria uma grande desgraça em sua vida, que mal começara a despertar.

As atitudes intempestivas podem trazer, não raro, sofrimento e dor, portanto, necessário se faz pensar e avaliar se o que tanto queremos irá nos trazer benefícios ou se nos levará ao lamaçal.

— Você está melhor? – perguntou Bernardo com suavidade.

— Não, Bernardo, sinto-me cada vez pior. Odeio a mim mesma por ter sido tão leviana, por acreditar que Gilberto gostava realmente de mim. Jamais imaginei que ele chegasse a esse ponto, que fosse tão cafajeste.

— Isso vai passar, Sueli. Você esquecerá com o passar dos dias, é uma questão de tempo.

— Não sei, Bernardo. Penso que irá demorar muito até que eu consiga anular essa sensação horrível de sentir as mãos dele me apalpando, forçando uma coisa que eu não queria. É muita decepção.

— Sueli, lembre-se de que tudo nesta vida passa. Você voltará a sorrir, a sonhar, a ser feliz. Dê a você mesma a oportunidade de voltar a ser o que sempre foi: uma menina alegre e feliz. Graças a Deus, nada mais sério aconteceu.

— Graças a você, Bernardo. Deve conhecer bem seu amigo para perceber que algo poderia acontecer e ficar atento.

— Você quer dizer ex-amigo. Nossa amizade terminou junto com o soco que dei em Gilberto. Ele nunca vai entender nem me perdoar, mas isso não importa. O que interessa realmente é você estar bem.

— Obrigada, Bernardo. Jamais irei esquecer o que fez por mim. O que posso fazer para agradecer?

— Simples, seja minha amiga.

Sueli sorriu entre lágrimas e respondeu:

— Pode confiar, serei sua amiga para sempre.

Bernardo, ouvindo as palavras de Sueli, pensou: "Quem sabe um dia deixará de ser minha amiga e passará a ser minha namorada, a mulher da minha vida?".

— Ficou pensativo – observou Sueli.

— Nada, não. Estou prestando atenção na estrada, está muito escuro.

— Ah! – exclamou Sueli.

Seguiram em silêncio até chegarem à casa de Sueli.

Assim que ouviram a batida da porta do carro, Sílvia e Jonas foram até a janela e ficaram aguardando a filha entrar.

— Estranho – disse Sílvia ao marido –, Sueli foi com Gilberto e agora chega com outro rapaz, o que será que aconteceu?

— É verdade, também reparei nisso. Vamos descer.

Assim o fizeram. Em instantes, Sueli abriu a porta e entrou. Notando a presença dos pais, disse:

— Nossa, que susto. Vocês ainda estão acordados? Já é tão tarde.

— Esperávamos por você, pois ouvimos o carro chegar e descemos para recebê-la.

Sílvia de imediato percebeu o rosto da filha marcado pelas lágrimas.

— Filha, você esteve chorando? O que aconteceu?

— Esse rapaz a ofendeu? – perguntou Jonas.

— Não, pai, ele me defendeu.

— Por que você foi com Gilberto e voltou com esse rapaz? Quem é ele?

— O nome dele é Bernardo, mãe, ele me defendeu do crápula do Gilberto e me trouxe de volta.

Assustados, seus pais interrogaram:

— Por favor, Sueli, conte-nos o que aconteceu, o que Gilberto fez com você?

Antes de responder, Sueli abraçou a mãe e novamente deixou que as lágrimas caíssem em seu rosto.

— Filha, estamos assustados. Por que está assim? Diga-nos o que aconteceu para voltar tão abalada a ponto de chorar.

Mais calma e ainda abraçada à sua mãe, Sueli relatou tudo o que acontecera, deixando seus pais aflitos e preocupados.

— Pelo amor de Deus, Sueli, diga-nos: não aconteceu nada mais sério, aconteceu?

— Não, pai, mas iria acontecer se Bernardo não chegasse para me defender. A força com que Gilberto me segurou impediu-me de qualquer reação. Só consegui gritar e nesse instante Bernardo apareceu, puxou Gilberto e deu-lhe um soco, jogando-o no chão. Eles brigaram e no final Bernardo pediu o carro de um amigo emprestado e me trouxe. Deixamos Gilberto caído, sem condições de levantar. O que aconteceu com ele depois não sei nem me interessa saber.

— Que canalha – disse Jonas, indignado.

Sílvia não conseguia dizer nada, tamanha era a angústia que invadia seu coração. Acariciou a filha, levou-a para o quarto pedindo-lhe que tomasse um banho enquanto iria preparar um chá para ela se acalmar. Depois, arrumou a cama com carinho e, aconchegando Sueli, disse:

— Filha, ore a Deus e agradeça a benção recebida. Bernardo foi o instrumento que Jesus usou para protegê-la. Depois tente dormir. Amanhã é outro dia, o sol irá brilhar e aquecerá seu coração, isso vai passar.

— Bernardo falou isso para mim.

— Isso o quê?

— Que tudo vai passar.

— Ele está certo, minha filha, tudo na nossa vida passa. Somente o amor de Deus por nós é permanente, e ele é suficiente para que sejamos felizes.

Sílvia beijou-a, apagou a luz e deixou Sueli entregue aos seus pensamentos e seu arrependimento.

— Ela está mais calma? – perguntou Jonas assim que a esposa entrou no quarto.

— Penso que sim, mas um fato desses pode deixar marcas profundas no coração. Vamos ter que prestar muita atenção em Sueli.

— Faremos isso. Quero conhecer esse rapaz que a trouxe, agradecer pelo que fez.

— Acho importante fazermos isso. Amanhã falaremos com ela e pediremos que o traga aqui em casa.

— Tudo bem. Agora vamos dormir, já é tarde.

Apagaram as luzes e, após um longo tempo, conseguiram adormecer.

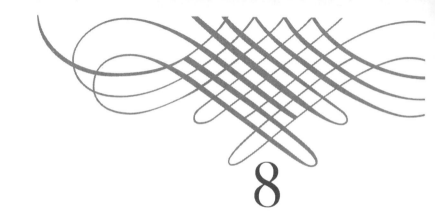

8
O arrependimento

Assim que os raios de sol entraram pela janela de seu quarto, Sueli acordou. Sua cabeça doía e sentia uma forte náusea. Tentou coordenar seus pensamentos, entender o porquê de tudo ter acontecido, afinal, sempre considerou Gilberto um rapaz de caráter e não conseguia, por mais que se esforçasse, parar de pensar nele daquela maneira agressiva, tentando à força satisfazer seu desejo. Lembrava-se da cena e parecia sentir ainda suas mãos a apalpando com volúpia.

"Meu Deus, ajude-me a esquecer da noite de ontem. Estou envergonhada e arrependida por sempre questionar as palavras sensatas de meus pais. Fui uma tola, leviana e não sei como vou suportar essa vergonha de ter sido tocada de maneira agressiva." Deixou novamente que as lágrimas descessem por seu rosto.

Sílvia, ao entrar no quarto, encontrou-a olhando pela janela enquanto a dor apertava seu coração.

– Filha, o que foi, está chorando?

Sueli correu para abraçar a mãe.

— Perdoe-me, mãe! – exclamou.

— Perdoá-la de quê? Por que isso agora?

— Por eu não ter ouvido seus conselhos. Sempre me senti dona de mim mesma, mas aprendi que estava errada. A senhora não queria que eu fosse à festa, eu teimei e deu no que deu. Estou envergonhada, mãe, não vou saber lidar com isso, me ajude, por favor.

Sílvia apertou a filha em seus braços e, com amor maternal, disse-lhe:

— Filha, eu e seu pai estamos aqui do seu lado sempre para ampará-la em suas necessidades. Saiba que poderá contar conosco em todos os seus momentos de dúvidas e incertezas. Quanto ao que aconteceu, não tem do que se envergonhar. O culpado foi o Gilberto, que não soube respeitá-la, agindo de maneira tão brutal e leviana. Você agiu certo, o repeliu, deu-lhe mostras do seu caráter, de sua dignidade, de sua moral. Agradeça a Deus por nada pior ter acontecido. Deus agiu em você por meio de Bernardo, que a salvou antes que algo muito triste acontecesse. E, por falar em Bernardo, gostaríamos muito que você o trouxesse aqui em casa. Seu pai e eu queremos agradecer pela atitude digna dele.

— Ele é um bom amigo. Pena que nos aproximamos em um momento de grande tensão. Estou com vergonha dele.

— Filha, isso vai passar. O importante é você se conscientizar de que foi leviana, imprudente e mudar suas atitudes.

Graças a Deus foi amparada e o pior não aconteceu. Agora é esquecer e reavaliar seus conceitos para não agir novamente movida por impulsos que sempre nos levam ao arrependimento. Aprenda a conhecer as pessoas, sentir o que elas são na verdade, e não apenas se encantar por sua aparência. Você é ainda muito nova, tem todo o tempo do mundo para aprender.

Sueli abraçou sua mãe e se aconchegou no amor materno. Vivendo com intensidade esse momento de aconchego da filha, Sílvia elevou o pensamento ao Pai e agradeceu pela bênção recebida. Sueli sentiu-se fortalecida pela compreensão de sua mãe e firmou-se no desejo de promover uma transformação em seu modo de agir.

"Sei que na maioria das vezes ajo de maneira impensada", refletiu Sueli, "mas vou tomar mais cuidado, ser mais prudente. Só de pensar no que poderia ter acontecido comigo se Bernardo não tivesse aparecido, sinto meu corpo todo tremer. Justo ele, a quem nunca dei a menor atenção, me salvou do cafajeste do Gilberto".

A angústia tomava conta do coração de Jonas.

— Nossa única filha – dizia à esposa – quase cai na armadilha daquele desclassificado. Precisamos tomar mais cuidado com Sueli, prestar mais atenção aos lugares e às festas que frequenta, conhecer melhor seus amigos, enfim, segurá-la mais dentro de casa.

— Sei que tem razão, querido, mas não vamos conseguir impedi-la de viver sua juventude. O melhor a fazer é dar a ela a base, o alicerce da prudência, do equilíbrio; mostrar-lhe que para ser feliz não é preciso se entregar às atitudes de risco. Vou ficar mais próxima e mostrar-lhe que muitos riscos podem ser evitados se agirmos de acordo com a prudência e a sensatez.

— Faça isso, querida, você sempre foi muito lúcida, sensata. Mostre à nossa filha que não devemos procurar ser felizes a qualquer preço, mas por meio de nossas conquistas dignas e respeitosas. Ela precisa aprender que nem tudo na vida é proibido, mas também nem tudo é permitido. A nós basta apenas saber diferenciar um do outro.

Sílvia alegrou-se com as palavras do marido.

— Você tem razão, Jonas, vamos ensinar isso a ela.

Mais animados e confiantes, reuniram-se para saborear o desjejum. Perceberam que Sueli, apesar de todo o apoio que recebera, continuava com a expressão tristonha, permanecia calada, distante, como se não fizesse parte daquele momento.

— Filha – disse Jonas –, está tão pensativa. Algo ainda a preocupa?

— É verdade, filha – completou Sílvia –, conte-nos o que ainda a preocupa, quem sabe podemos ajudá-la.

Sueli não tinha coragem de dizer aos pais que, apesar de toda a situação aflitiva e desrespeitosa que passara com Gilberto, de saber que ele não se importava com os sentimentos das outras pessoas, mesmo assim sofria por ver seu sonho desfeito, sonho esse que alimentara durante muito tempo, o desejo de ser sua namorada, pois não conseguia evitar a atração que sentia por ele. Tentando disfarçar, respondeu:

— Eu ainda estou sem entender por que Gilberto fez isso comigo. Sempre fomos amigos, saímos algumas vezes, enfim, não faz sentido para mim essa atitude tão cafajeste.

Foi Jonas quem se adiantou e respondeu.

— Filha, não conhecemos as pessoas como elas são de verdade. Muitas não ostentam nada senão aparência. Sob atitudes de cordeiro, escondem um leão pronto para atacar os incautos, e fazem isso sem dó de suas vítimas. Esqueça esse rapaz, porque ele não a respeita e, em vista disso, não a merece.

— Seu pai tem razão, filha. Esqueça, dê valor a quem demonstrou ser digno, como Bernardo, por exemplo.

Sueli sabia que seus pais tinham toda a razão, mas o que a incomodava era continuar sentindo, secretamente, um desejo por Gilberto. E sofria por não conseguir extirpar de seu coração esse sentimento que, sabia, poderia lhe trazer sofrimento. Para encerrar o assunto, disse a seus pais:

— Vocês têm razão, não vale a pena pensar nem sofrer por quem não merece. Vamos dar esse assunto por encerrado, afinal, nada de mais grave aconteceu.

Feliz, seu pai respondeu:

— Alegra-nos ver que pensa assim, minha filha. Agora é esquecer, afastar-se desse rapaz que demonstrou claramente não ser merecedor de respeito.

— Seu pai tem toda razão, Sueli. Precisamos ter cuidado com nossas escolhas para não sermos surpreendidos com fatos que nos machucam e nos fazem sofrer.

— Agradeço a vocês, que são os melhores pais do mundo! – exclamou Sueli, levantando e beijando aqueles que sabia que a amavam tanto.

9

A tentação
é grande

A vida seguiu seu curso normal. O tempo foi passando.
A amizade entre Sueli e Bernardo se intensificou e ele, aos
poucos, foi transformando essa amizade em um grande
amor por Sueli, amor que já existia, timidamente, tempos atrás.

Parecia que tudo voltara ao normal. Sueli sentia-se confortável e amparada ao lado de Bernardo, confiava no amigo,
sabendo que jamais se decepcionaria com ele, mas nem o
tempo conseguiu apagar o desejo que sentia por Gilberto,
que, até então, nunca mais vira.

— Por que não consigo tirar do meu pensamento aquele
que me desrespeitou, mesmo sabendo que nada posso esperar de alguém que age dessa maneira tão brutal? – questionava a si mesma. E continuava: – Bernardo é um ótimo
rapaz, educado, sensato, sincero. Sei de tudo isso, mas não

consigo sentir por ele nada mais que amizade. Como gostaria de me apaixonar por ele, casar e construir uma família feliz, mas não consigo tirar da minha cabeça o irresponsável do Gilberto, que desapareceu depois daquela festa. Sou mesmo maluca – concluía.

Sueli adquirira o hábito de no final da tarde ir até a praça próxima à sua casa admirar os patos e gansos que nadavam nas águas do lago, cooperando com o lindo entardecer do local.

Quando jogava pedacinhos de pão distraidamente para as aves, sentiu alguém pressionar-lhe o braço. Espantada e temerosa, viu à sua frente a figura atraente de Gilberto. Mal podia falar pela surpresa em vê-lo.

Irônico, Gilberto exclamou:

— Por que o susto? Não sou nenhum fantasma!

Uma raiva súbita tomou conta do coração de Sueli.

— O que você faz aqui, seu cafajeste? Quem pensa que é para se aproximar de mim como se nada tivesse acontecido tempos atrás?

— Calma, garota, calma. Só quero falar com você. Sempre fomos amigos, não é? Os amigos se encontram, se falam. Por que essa atitude defensiva?

— Ainda pergunta? Só pode estar de brincadeira!

— Não vai me dizer que ainda está pensando naquele acontecimento, vamos dizer, um pouco imprudente de minha parte? Já passou tanto tempo.

— É verdade, passou tanto tempo, mas eu não esqueci!

Gilberto sorriu e disse, sedutor:

— Se não esqueceu, se ainda pensa nisso, é porque gostou. Quem sabe podemos repetir, o que você acha?

Sentindo vontade de esbofeteá-lo, Sueli levantou o braço para atingi-lo, mas Gilberto segurou-a com força, puxou-a para si e beijou-a com volúpia.

A princípio, Sueli lutou para se desvencilhar de seus braços, mas, sentindo a pressão de sua boca contra a dela, foi aos poucos se entregando ao desejo contido e correspondeu às suas carícias.

Quando Gilberto se afastou, Sueli, nervosa e envergonhada, disse-lhe:

— Nunca mais faça isso. Ou melhor, nunca mais se aproxime de mim.

— Por quê? De que tem medo? Do desejo que sempre sentiu por mim?

Sueli saiu correndo, mas ainda pôde ouvi-lo dizer.

— Volte amanhã, estarei esperando por você nesse mesmo horário.

— Não virei... Não virei – repetia para si mesma.

Entrou em casa correndo, assustando sua mãe, que a interrogou:

— Filha, o que aconteceu para estar assim, desse jeito?

Sem responder, subiu correndo para o quarto, jogou-se na cama e chorou copiosamente.

— Quem sou eu, meu Deus? Por que não consigo refrear esse desejo por Gilberto? Sei que ele não presta, mas no fundo sei que quero estar com ele, sentir sua boca na minha. O que faço, meu Deus?

Falou tão alto que Sílvia não pôde deixar de ouvir assim que entrou no quarto.

— Sueli, o que está atormentando você? Por que esse desespero que sinto em suas lágrimas, em sua voz? Por favor, filha, conte-me o que está acontecendo.

Sueli olhou para a mãe e, sem saber o que dizer, apenas correu para abraçá-la.

— Me ajude, mãe!

— Ajudo, filha, mas primeiro conte-me o porquê desse pedido, em que devo ajudá-la?

Mais calma, Sueli perguntou à mãe:

— Quando sabemos que uma coisa é errada, mas não conseguimos refrear nossos impulsos, o que devemos fazer, mãe?

— Não sei do que está falando, mas o que posso lhe dizer é que na vida todos nós temos que fazer nossas escolhas, é um direito nosso, mas não devemos esquecer que todas as escolhas, sejam quais forem, trazem consequências boas ou más, de felicidade ou de sofrimento. Portanto, minha filha, é preciso pensar muito bem antes de tomar qualquer atitude. Quando temos consciência de que determinada coisa é errada, o prudente é nos afastarmos dela para não sofrermos mais tarde. Algumas escolhas imprudentes podem nos deixar marcas de profundo sofrimento.

— Obrigada, mãe, a senhora tem sempre bons conselhos para me dar.

— Mas posso saber o que a aflige tanto?

— Nada de importante, nada mesmo, não se preocupe.

— Já que está melhor, não demore a descer para o jantar, seu pai deve estar chegando.

— Pode deixar, mãe, desço em seguida.

Sílvia saiu do quarto da filha preocupada: "Não sei o que pode ser, mas é certo que Sueli esconde alguma coisa. Ela estava muito abalada".

Ao entrar na sala, viu Jonas lendo o jornal.

— Querido, não o vi chegar! – exclamou, aproximando-se do marido.

— Percebi que estava com Sueli e não quis incomodar.

— Estive conversando com ela.

— Algum problema?

— Na realidade, não sei o que pode ser, mas alguma coisa a está incomodando.

— Conte-me sobre o que falaram.

Com poucas palavras, Sílvia colocou o marido ciente de tudo.

— E foi isso, Jonas, parece-me que Sueli tem alguma questão para resolver e não sabe como fazer.

— Fique atenta, Sílvia, você é bem observadora e conseguirá perceber facilmente o que a está perturbando.

Calaram-se quando Sueli se aproximou.

— Está tudo bem, filha? – perguntou Jonas.

— Claro, pai, tudo bem.

— Parece-me abatida.

— Não é nada, é só cansaço mesmo, não tenho dormido direito.

— Tem visto o Bernardo?

— Sim, regularmente. Sempre nos encontramos na pracinha e ficamos conversando.

— Que bom, filha. Bernardo é um jovem decente, bem diferente daquele Gilberto.

Ao ouvir falar no Gilberto, Sueli sentiu seu coração bater mais forte e pensou: "Por que ele tinha de aparecer depois de tanto tempo sumido? E por que meu coração acelera sempre que o vejo? Não encontro explicação para isso".

— Ficou nervosa em ouvir o nome daquele cafajeste? – perguntou Sílvia.

— Claro que não, mãe. Por que ficaria? Já faz tanto tempo.

— Deu-me a impressão.

— Foi só impressão, ele não diz mais nada para mim.

— Fico feliz em ouvir isso.

— Bem, vamos jantar.

Sentaram-se à mesa e o jantar transcorreu em harmonia.

Ao anoitecer, Sueli despediu-se de seus pais e foi para o quarto. Preparou-se para dormir e, aconchegando-se em suas cobertas, deixou que seus pensamentos fluíssem livremente.

Logo Gilberto apareceu em seus pensamentos: "Meu Deus, o que devo fazer? Sinto forte desejo de ir ao seu encontro amanhã, mas minha razão diz que não devo. A quem devo obedecer, à razão ou ao coração?".

As lembranças iam e vinham, atormentando-a. Ainda sentia o calor do beijo de Gilberto, o que evidenciava o quanto gostava de estar com ele. "Isso até parece obsessão", pensava. "Há anos sonho em ser sua namorada, mesmo depois do que ele me fez, mesmo com a raiva que senti e, no fundo, ainda sinto. Trago em mim essa vontade imensa de estar com ele, receber seus afagos, seus beijos. Não consigo compreender a razão disso. O melhor é dormir, amanhã resolvo essa questão." E logo Sueli adormeceu.

Em poucos instantes o espírito de Sueli entrava em contato com a espiritualidade. Hortência aproximou-se delicadamente e disse-lhe:

— Sueli, por que não procura suas respostas no amor Daquele que criou todos nós?

Espantada, Sueli perguntou:

— Quem é você e onde estou?

— Sou um espírito amigo que aceitou a missão de orientá-la na sua caminhada terrena.

— Mas que lugar é esse, onde estou?

— Você está no mundo real dos espíritos que todos nós somos. A Terra é apenas uma passagem para desenvolvermos o aprendizado que necessitamos para alcançar a evolução.

— Mas não entendo como vim parar aqui.

— Enquanto seu corpo físico desfruta do descanso através do sono, seu espírito liberto parcialmente pode percorrer o Universo e, nessa oportunidade, podemos nos encontrar. É simples, Sueli, é a bênção recebida para que o espírito possa se fortalecer por meio das orientações dos espíritos amigos. Como essa que lhe dou, procure suas respostas, sua coragem, sua transformação espiritual no amor de Deus que é nosso Criador.

— Mas... Eu nunca acreditei em Deus. Apesar de minha mãe sempre me orientar nesse sentido, nunca consegui entender nem acreditar. Tudo me parece muito fantasioso.

— Sua mãe está certa em suas orientações, Sueli. Você está prestes a cometer um grave engano. Faça uma viagem dentro de si mesma, descubra quem é na verdade, o que quer e o que a faz feliz. Não a felicidade efêmera, mas a real, que só se consegue por meio das virtudes adquiridas. Agora preciso ir, volte para seu corpo físico, está amanhecendo.

— Espere, quando acordar vou me lembrar de tudo isso?

— Não. Tudo isso vai ficar gravado em seu subconsciente. Você lembrará de alguns flashes e achará tudo muito estranho.

— Então para que isso? Se eu não me lembrarei de nada, não consigo ver nenhuma utilidade. É como eu disse, tudo é muito fantasioso. Quem deve decidir por mim sou eu mesma.

— É verdade, mas as inspirações, se você for receptiva, lhe mostrarão o caminho mais seguro.

Antes que Sueli respondesse, acordou, espreguiçou lentamente e disse a si mesma:

— Nossa! Que sonho mais estranho, confuso, sem nenhum nexo. Acho que dormi com o estômago cheio.

Levantou-se, aproximou-se da janela de seu quarto, admirou a bela vista, lembrou-se de Gilberto e pensou: "É, acho que vou mesmo me encontrar com ele. Não sei por que lutar contra um desejo tão forte que sinto, afinal, pode ser que ele seja na verdade o homem da minha vida. Quem pode dizer o contrário? Ele sempre aparece na minha vida. Tantas vezes ficamos juntos. O que aconteceu deve ter sido mesmo uma fraqueza de momento, devo esquecer".

Hortência, que ainda permanecia no aposento, pensou: "Senhor, ela está prestes a iniciar um caminho de grande sofrimento. Que consiga acordar para a realidade espiritual, pois é o único caminho que poderá salvá-la".

10

As mentiras continuam

Sueli permaneceu durante todo o dia com seu coração ansioso e indeciso. A tarde se aproximava e ela não conseguia se decidir se ia ou não ao encontro de Gilberto.

— Sueli, sua ansiedade está aparente. Por favor, minha filha, diga-me o que a aflige.

— Nada, mãe. Deve ser porque daqui a pouco vou me encontrar com Bernardo na pracinha. É uma ansiedade natural.

Sílvia sorriu.

— Alegra-me saber que vai se encontrar com Bernardo. Ele é uma ótima companhia para você.

— Eu sei disso, mãe. Bem, acho que já vou indo.

Sueli nem se deu conta do que falara. A desculpa veio a galope, sem dar a ela tempo para pensar. Não se dava conta de que iniciava ali, naquele instante, uma série de mentiras nas quais iria se enroscar cada vez mais. Despedindo-se da mãe, ganhou a rua, indo depressa em direção ao local em que sabia que Gilberto estaria lhe esperando.

De longe avistou o rapaz: "Como ele é bonito e atraente", pensou. "Justifica todo o interesse e desejo que sempre nutri por ele."

Gilberto, assim que a viu, foi ao seu encontro todo gentil.

— Que bom que veio. Fiquei receoso quanto a isso.

Sem saber o que deveria dizer, Sueli apenas falou:

— É, não tinha mesmo nada para fazer.

Gilberto sorriu.

— Quer dizer que veio somente porque não tinha nada para fazer? Engraçado, pensei que era por causa disso que você veio...

E puxou-a fortemente, beijando-a de maneira ardente. Sueli, sentindo-se desfalecer de tanto desejo, correspondeu com a mesma intensidade. Após alguns minutos, Gilberto, separando-se dela, disse:

— Por que teima em mentir? Esconder de você mesma o quanto me deseja, assim como eu a desejo? Por que não nos entregamos um ao outro de uma vez?

Com a voz trêmula, Sueli respondeu:

— O que quer dizer com isso?

— Ora, Sueli, você já não é mais uma criança. Deve saber perfeitamente o que estou querendo dizer. Sinto que deseja o mesmo que eu.

— Não posso, Gilberto, nem namorados somos. Nos reencontramos agora, depois de tanto tempo sem nos falarmos, não sou tão leviana assim.

— Se entregar a quem deseja é ser leviana? Você pensa mesmo assim?

— Penso que as coisas não acontecem desse jeito. Para que isso que deseja aconteça é preciso que haja envolvimento, amor, respeito, cumplicidade, e nós não temos nada disso, pelo menos você não tem em relação a mim.

— Você quer dizer que para eu ter a mulher que desejo preciso pedi-la em casamento, é isso? Se for, sinto muito, Sueli, estou fora. Não vou comprometer minha vida só porque desejo uma mulher. Desejar, Sueli, não é amar. É fato que desejo você, quero estar com você, mas isso não quer dizer que vou me casar com você. Nosso caso vai durar enquanto existir o desejo entre nós, é assim que funciona. – E continuou: – Se você não pensa como eu, vamos parar por aqui. Existem outras garotas que não são tão caretas como você. Você já me fez passar por aquele constrangimento naquela maldita festa, não vou passar por isso outra vez.

— Mas, espera aí, quem passou por constrangimento fui eu, e não você. Você agiu como um cafajeste, mas graças a Deus Bernardo chegou a tempo.

Gilberto soltou uma gargalhada.

— Em que mundo você vive, Sueli? Acha mesmo que Bernardo não faria com você o mesmo se você tivesse dado nele os amassos que deu em mim? Não seja uma falsa puritana, Sueli!

— Bernardo é diferente de você, Gilberto. É respeitoso e jamais tomaria a atitude que você tomou.

— Sabe por que ele é respeitoso? Porque não tem o que eu tenho, isso...

Puxou Sueli para seus braços e novamente beijou-a, passando a mão pelo seu corpo. Tremendo, intensificou as carícias até que a soltou e disse:

— É isso que posso lhe dar, e é isso que quer receber, portanto, escolha entre Bernardo e eu. Se for o escolhido, saiba que vou esperá-la amanhã aqui, neste mesmo lugar, neste mesmo horário. E, se vier, venha sem pressa, porque vamos para outro lugar, se é que me entende. Caso contrário, não a quero mais.

E afastou-se, deixando Sueli ainda tremendo de emoção e desejo.

"Meu Deus, por que não tenho forças para me afastar de Gilberto? Ele é volúvel, irresponsável, pensa e age diferente de Bernardo, entretanto, não consigo deixar de querer estar com ele, receber seus beijos, sentir seu corpo, não consigo vencer a mim mesma, não consigo superar meus anseios. Se eu tivesse com quem me aconselhar... Não tenho ninguém para desabafar, para explicar como vencer essa paixão."

Acalmou-se e foi para casa. Assim que entrou, levou um susto. Encontrou sua mãe conversando com Bernardo. Ela, assim que a viu, disse:

— Filha, você disse que iria se encontrar com Bernardo, mas assim que saiu ele chegou aqui em casa, e está até agora esperando por você. Disse que não tinha marcado nada com você. O que me diz? Posso saber onde estava até agora?

Sueli, pega de surpresa, tentou encontrar uma mentira que convencesse sua mãe. Para ganhar tempo, dirigiu-se a Bernardo e abraçou-o, dizendo:

— Que coincidência! Fui até a praça tentar me encontrar com você, pois sei que você passa por lá todas as tardes, mas nem cheguei até o local, pois encontrei minha amiga e ficamos conversando até agora, lembrando de nossos casos de colégio. E pelo visto não ia mesmo me encontrar com você, já que veio até aqui. Por que não me avisou?

— Desculpe, eu não achei que fosse preciso.

Sílvia, não acreditando muito na encenação da filha, perguntou a Bernardo.

— Não sabia que todas as tardes você vai até essa pracinha. Sua casa não é do outro lado?

Bernardo de imediato percebeu a mentira de Sueli, mas achou melhor não criar clima entre ela e a mãe. Pensou: "É melhor entrar na dela, depois peço explicações sobre a necessidade dessa mentira. Tomara que não seja o que eu estou pensando".

— Sueli tem razão, D. Sílvia, tenho um amigo que mora por esses lados e sempre venho à casa dele, pois trabalhamos juntos. Sueli imaginou que me encontraria. Mas está tudo bem.

— É, está tudo bem – disse Sílvia, sem muita convicção.

Sueli, aproveitando a situação, disse à mãe.

— Inclusive, mãe, combinei com minha amiga de nos encontrarmos amanhã novamente. Ela me convidou para jantar na casa dela e eu aceitei. Tem algum problema?

— Não sei, filha, depois conversamos sobre isso. Com licença.

Sílvia saiu deixando Sueli e Bernardo sozinhos. Alguma coisa a incomodava.

— Não sei – pensava –, sinto que algo está confuso nessa história. Vou querer saber quem é essa amiga.

— Falando sozinha, D. Sílvia? – perguntou Jandira.

— Oi, Jandira, estava aqui falando com meus botões, como se diz.

— Preocupada com Sueli?

— Sim, minha amiga, sempre com Sueli.

— O que foi dessa vez, D. Sílvia, ela brigou com Bernardo?

— Não, Jandira, sinto que ela está mentindo. Não imagino qual seja a razão, mas alguma coisa me diz que ela está mentindo.

— O que a faz suspeitar disso?

— Jandira, ela saiu de casa dizendo que iria se encontrar com Bernardo. Voltou bem mais tarde, e Bernardo chegou dizendo que não havia marcado nada com ela. Sua explicação não foi convincente, disse que encontrou uma amiga e ficou conversando com ela. Bernardo confirmou que passa pela pracinha quase todos os dias, entretanto, mora do outro lado da cidade. Depois Sueli vem dizer que marcou com a amiga de se encontrarem amanhã para jantar na casa dela.

— Mas o que a preocupa?

— Receio que aquele cafajeste do Gilberto esteja atrás dela outra vez. Não sou tola, Jandira, sempre soube que Sueli sente alguma coisa por esse rapaz. Lembra quantas vezes a surpreendemos com ele? Tenho medo de que esteja se encontrando com ele novamente.

— Depois do que ele fez com ela?

— Essa é a minha preocupação, depois do que ele fez com ela.

— Nesse caso, é melhor mesmo ficar atenta, D. Sílvia.

— É isso que vou fazer, ficar atenta.

Sueli estava tranquila. Imaginava que havia se saído bem em sua explicação, nem desconfiava que nem Bernardo nem sua mãe confiou em suas palavras. Mentir estava se tornando uma constância em sua vida e, o mais preocupante, mentir com extrema naturalidade. Não se dava conta do engano no qual iria se afundar. Na ânsia de satisfazer seus desejos, passava por cima dos valores reais, da dignidade, dos atos que valorizam o ser humano, como a decência e a ética.

Quando se despediu de Bernardo, Sueli foi até seu quarto, jogou-se na cama e se entregou ao sonho de ser a preferida de Gilberto.

"Ele me deseja", pensava, "me quer ao seu lado. Isso mostra que tem sentimento por mim. Se eu tenho por ele o mesmo sentimento, por que não nos amarmos? Por que não ficarmos juntos, se é isso que desejamos? Não consigo ver nenhum mal nisso. No início não posso deixar minha mãe descobrir, pois ela não iria entender. Mais tarde, quando estivermos mais seguros, com nossa relação mais sólida, aí, sim, contarei para ela".

Escutou a batida na porta e gritou:

— Entra!

Calmamente Sílvia entrou, acomodou-se em uma cadeira próxima à cama da filha e disse:

— Agora vamos conversar, Sueli, e exijo que me fale a verdade.

Assustada, a filha respondeu:

— Que verdade, mãe? Tudo o que lhe disse é a verdade; foi exatamente o que aconteceu, não sei por que duvida de mim.

— É triste o que vou dizer, minha filha, mas tenho motivos para duvidar das suas "verdades". Desde pequena você não foi muito fiel a elas, portanto, exijo que me diga a verdade.

Sueli, sentindo-se pressionada, tentou mais uma vez confundir a mãe, mostrando-se abalada e nervosa com o que acontecera.

— Está bem, mãe, queria poupá-la, mas, se prefere saber, vou lhe dizer. A minha intenção era de verdade encontrar o Bernardo, mas no caminho encontrei o Gilberto, que, como sempre, tentou me forçar a conversar com ele, o que neguei veementemente, claro. Ficamos em um impasse, pois ele não aceitava minha recusa. Por sorte minha amiga passava no local e percebeu que eu estava em apuros. Aproximou-se de nós e interferiu, deixando Gilberto acuado. Ela percebeu meu nervosismo, levou-me até a casa dela e ficamos conversando. Convidou-me para amanhã ir jantar com ela e seus pais, o que eu aceitei por achar que estava sendo gentil e agradecida pelo que ela fez por mim. Essa é a história real. Não queria contar para não vê-la sofrer nem ficar preocupada. Como da outra vez, tudo acabou bem, e não vai acontecer de novo, porque deixei bem claro que não vou falar mais com ele e que, se insistir, tomarei providências.

— Mas esse rapaz não tem medida! É preciso tomar cuidado, Sueli.

— Se a senhora achar que não devo ir à casa da minha amiga, eu não vou.

— Pode ir, minha filha, afinal, ela demonstrou ser sua amiga de verdade. Traga-a um dia aqui em casa para que possamos conhecê-la e agradecer pelo que fez.

— Vou combinar com ela. Ela virá, tenho certeza.

— Mas e Bernardo? Não entendi a razão de ele estar sempre aqui na praça, já que mora tão distante.

— É como ele disse, mãe, vem sempre na casa de seu amigo, que, aliás, trabalha com ele. Eu sei que encontrar com ele seria sorte, mas tentei.

— Está certo, filha. Agora tome seu banho e vá dormir.

— Obrigada, mãe, boa noite.

Sueli beijou a mãe. Assim que ela saiu, pensou: "Meu Deus, essa foi por pouco. Bem, o melhor é que estou liberada para sair amanhã e me encontrar com Gilberto". Sem nenhum remorso, preparou-se para dormir e, assim que deitou, começou a sonhar acordada com o que imaginava ser seu grande momento de amor.

A mentira é como uma bola de neve. Começa pequena, inocente, mas vai crescendo com base na inconsequência daquele que mente. Sua proporção fica tão grande que acaba engolindo seu criador na própria teia da leviandade, até que o faz sentir a consequência infeliz da sua imprudência.

Sueli não tinha consciência do caminho tortuoso no qual estava enveredando. Movida simplesmente por um desejo sem limites, entregava-se aos desvarios sem se dar conta de que lá na frente o sofrimento estaria esperando por ela. A ela importava apenas satisfazer desejos carnais, nem que para isso tivesse que mentir dissimular, violentar a si mesma, seu próprio corpo e sua alma.

Não acreditava em nada que não fosse palpável, matéria densa, e acreditava piamente que a vida era para ser vivida e que todos estavam aqui nesse plano para ser feliz, sem se importar com o caminho que precisassem trilhar para que a felicidade acontecesse.

A felicidade é uma conquista, está inerente ao que fazemos da nossa vida, a nossas atitudes em relação às pessoas à nossa volta, às pegadas que deixamos por onde passamos, a nossos sentimentos nobres, portanto, não procede o ser feliz a qualquer preço, mas ao preço da dignidade, do caráter e das virtudes espirituais conquistadas ao longo da vida na Terra.

11

A entrega

Os primeiros raios de sol entrando pela janela do quarto de Sueli a acordaram. Espreguiçando lentamente, deu um bom-dia ao sol, dizendo:

— Bom dia, sol. Que linda manhã! Tão linda que faz meu coração bater de ansiedade, porque sei que hoje será o início da minha felicidade tão sonhada. Vou viver uma aventura de amor, aventura essa que irá durar para sempre.

— Falando sozinha, Sueli?

— Oi, Jandira, na verdade, falava com o sol...

— Nunca vi isso! É preciso mesmo estar muito alegre para ficar conversando com o sol. Bem, sua mãe pediu que descesse para tomarem o café juntos. Seu pai também está esperando.

— Vai ter bronca, Jandira?

— Não sei, quem deve saber se merece é você! – exclamou Jandira.

— Já estou indo, só um instante para me trocar.

— Então não demore.

Jandira deixou o aposento de Sueli. Levava em seu coração uma dúvida que a deixava preocupada: "Sueli está mesmo um pouco diferente, e tenho receio do que possa ser".

— Ela vai descer, Jandira? – perguntou Sílvia.

— Sim, D. Sílvia, pediu apenas um minuto para se trocar e já desce.

— Está bem.

Passados alguns instantes, Sueli apareceu vestida com primor. Seus pais não puderam deixar de comentar como estava bonita.

— Vai a algum lugar especial, minha filha? – perguntou Jonas.

— Não, pai. Hoje vou jantar na casa de uma amiga e resolvi já levantar pronta para sair.

— Que história é essa, Sílvia? Quem é essa amiga que aparece de repente e a convida para jantar?

Sueli ficou trêmula. Ouviu com atenção a resposta da mãe.

— Vou lhe contar como foi que essa amiga apareceu.

Com voz firme mas insegura, dando a entender a Jonas que nem ela acreditava no que estava contando, Sílvia relatou tudo exatamente como Sueli lhe contara.

— Minha filha, é isso mesmo que sua mãe acabou de me contar?

Imprimindo firmeza à voz, Sueli respondeu:

— É isso mesmo, pai, não vejo razão para tanta desconfiança. Qual o problema, nada passou de um fato corriqueiro, comum, natural, enfim, qual é o problema?

— Você não está escondendo nada de seus pais, não é, Sueli?

— Claro que não, pai, não estou escondendo nada. Por favor, acreditem em mim, nunca dei motivos para tanta desconfiança. Se vocês não quiserem, não vou a esse jantar, pronto, assim fica melhor.

Sílvia se adiantou.

— Não, filha, pode ir ao jantar. Só vou pedir que traga sua amiga aqui em casa para nós conhecermos.

— Hoje combino com ela o dia mais favorável para ela vir, está bem assim?

— Está, vamos aguardar.

Sueli sentiu-se aliviada: "Pelo menos dessa vez consegui manobrar meus pais, mas... e depois? Como vou fazer para me encontrar com Gilberto? Porque é claro que outros encontros virão depois de hoje".

Terminou seu café, subiu para arrumar o quarto e dar asas à sua imaginação quanto ao que seria aquela tarde ao lado de Gilberto. "Preciso ir bem-arrumada e cheirosa para conquistá-lo de uma vez por todas. Não tenho mais que lutar contra mim mesma, é mais forte que eu, afinal, o desejo dele é também o meu."

Hortência tentou inspirá-la para que não caísse nessa tentação leviana, que tinha tudo para se tornar um pesadelo na vida de Sueli, mas, por mais que tentasse, foi em vão. Sueli entregava-se por inteiro a essa loucura, acreditando que seria completamente feliz a partir desse encontro leviano com Gilberto, que nada mais era que um irresponsável que se dedicava apenas aos prazeres da carne, envolvendo suas vítimas de tal maneira que as tornava presas fáceis da sua leviandade. Sem ter como se fazer notar através de sua inspiração, Hortência elevou seu pensamento ao Mestre e orou por Sueli:

— Senhor, Pai de todos os aflitos, dirija Vosso olhar de misericórdia sobre essa irmã que está a um passo de cometer um desatino. Envolva-a com Vosso amor para que ela possa voltar à razão.

E afastou-se, deixando Sueli com suas indagações.

Sílvia e Jonas, ainda sentados à mesa de café, conversavam.

— Jonas, eu não sei explicar por que, mas sinto algo me incomodando em relação a Sueli. Sinto que ela está mentindo.

— Fique calma, meu bem, ela deve estar falando a verdade. Quando trouxer a amiga aqui em casa poderemos confirmar essa história. Agora, a nós cabe orientá-la, mostrar-lhe os perigos que rondam os imprudentes, aqueles que colocam suas satisfações acima de qualquer coisa, acreditando que na verdade o que importa é ser feliz a qualquer preço.

— É verdade, vou ficar mais atenta com Sueli.

Quando o sol estava se pondo no horizonte, Sueli, toda arrumada, despediu-se de sua mãe, dizendo:

— Mãe, não se preocupe, não vou chegar muito tarde.

— Tudo bem, minha filha. Não se esqueça de convidar sua amiga para vir aqui em casa.

— Pode deixar, mãe, farei isso.

Caminhou a passos lentos até chegar ao local combinado. Queria sentir a emoção que tomava conta de todo o seu corpo só de pensar no prazer que esperava ter.

Assim que chegou, avistou Gilberto.

"Meu Deus, o que esse homem tem que me faz sentir toda essa emoção, esse desejo de estar com ele, de me entregar sem reserva? Por que quero tanto que ele seja só meu?", perguntava-se enquanto olhava para Gilberto, que ainda não dera conta de sua presença.

Assim que a viu, foi ao seu encontro.

— Então, o que devo esperar desse nosso encontro?

— O que você acha?

— Acho apenas isso... E, como sempre fazia, beijou-a dominando-a totalmente.

Sem esperar nenhuma resposta de Sueli, pegou-a pela mão, dizendo:

— Fique tranquila, vou levá-la ao céu, mostrar-lhe o que na verdade é felicidade. Sei que o seu desejo é o meu desejo, portanto, não lute contra.

Sem nenhuma reação, Sueli se deixou levar. Ela o acompanhou sem saber, na realidade, aonde ele a levaria. Imaginava um hotel elegante, flores, música, enfim, os ingredientes necessários para que houvesse mágica naquilo que ela julgava ser um sonho.

Entraram em um prédio de poucos andares, meio malconservado, mas muito silencioso. Estranhando, ela perguntou a Gilberto:

— Que lugar é esse, Gilberto? Não estou me sentindo bem entrando aqui, prefiro voltar.

Gilberto segurou-a pelas mãos e disse:

— Agora é tarde, querida, chegou a nossa vez.

Dizendo isso, apressou-se a entrar no quarto que já havia reservado, trancou a porta e sem nenhum cuidado pediu a Sueli que tirasse a roupa. Sentindo-se humilhada e desconfortável, Sueli quis reagir, mas Gilberto, com agilidade, abraçou-a com força, despertando em Sueli seu desejo e suas emoções.

— Sueli, não lute contra. Você quer tanto quanto eu, isso é um fato. Então, por que se fazer de difícil?

— A questão não é se fazer de difícil, Gilberto, mas você não me fez nenhum carinho, não teve nenhum cuidado em preparar uma situação que para mim é novidade.

Gilberto entendeu que com ela teria de ser mais carinhoso, mais paciente. Reconheceu que estava diante de alguém que nunca se entregara a namorado algum. "Preciso ser mais comedido, afinal, vou ser o primeiro, e isso é fantástico." Beijou-a novamente e disse:

— Sueli, desculpe-me, quero apenas que você entenda que nem sempre conseguimos controlar nossos desejos. Eu a quero há muito tempo. Desejo e paixão são duas coisas que não conseguimos controlar quando eles são intensos. Eu sei que você sente o mesmo por mim, então relaxe e se entregue aos meus beijos e abraços. Vamos esquecer o mundo lá fora, pensar neste momento de felicidade que é só nosso. Você não acha que merecemos?

Sueli estava confusa. Ao mesmo tempo que queria desesperadamente, receava se entregar. Por fim, decidiu.

— Está bem, Gilberto, acho mesmo que o momento chegou.

Aos poucos foi tirando a roupa, enquanto Gilberto fazia o mesmo, sem conseguir conter o entusiasmo e a euforia de ser o primeiro homem na vida de Sueli. Entre carícias, beijos e toques, Sueli se tornou mulher. Os dois permaneciam deitados, sem dizer uma palavra, até que Sueli perguntou:

— E agora, Gilberto?

— Agora o quê?

— E agora, o que vamos fazer da nossa vida?

— Ora, Sueli, vamos continuar vivendo, nos encontrando, nos deliciando com outros momentos iguais a este, simples assim. A vida vai nos levar pra onde ela quiser.

— Não foi isso que quis dizer!

— Então fale o que quis dizer.

— Gilberto, depois de hoje, de termos ficado juntos, nos entregando um ao outro, quero pelo menos saber como ficamos em relação ao nosso envolvimento.

Gilberto pensou: "Preciso ir com calma, tentar levá-la até onde der, ou até eu me cansar", e respondeu:

— Ora, Sueli, se você está se referindo a namoro, acho isso muito fora de moda. O que importa é que estamos juntos, nós nos queremos e isso é mais importante do que qualquer rótulo que se coloca diante dessa situação.

— Você me ama?

— Vamos considerar que amar é muito forte. Por enquanto, eu gosto de você, sinto um enorme desejo por você e sei que sou correspondido, então, para que nos rotularmos de namorados, amantes, sei lá o quê? Vamos nos rotular de duas pessoas que se gostam, que se desejam e que querem ficar juntas. –

Puxou-a para junto de si e continuou: – Vem cá, vamos aproveitar este momento ao máximo.

Mais uma vez, Sueli deixou-se envolver pelas carícias de Gilberto.

Ao olhar para o relógio, Sueli percebeu o adiantado da hora. Levantou-se rapidamente, trocou-se e saiu apressada. Ao transpor a porta lembrou-se de que estava distante de sua casa, então voltou-se e perguntou:

— Você pode me levar?

— Claro!

Deixando-a na pracinha onde sempre se encontravam, Gilberto disse:

— Eu telefono para você, pode aguardar.

— Gilberto, não sei como farei para nos encontrarmos. Se meus pais desconfiarem, jamais me deixarão sair sozinha outra vez.

Com a esperteza dos levianos, Gilberto respondeu:

— Simples, Sueli. Inventa que quer fazer um curso, assim terá motivo para sair de casa.

— Mas que curso?

— Não sei, Sueli, isso é com você. Use a imaginação, sei lá. Sempre se dá um jeito quando se quer alguma coisa.

— Está bem, Gilberto, vou ver o que faço.

Caminhando lentamente até sua casa, Sueli foi pensando em tudo o que acontecera. Sua consciência lhe dizia que havia cometido um erro, mas, ao mesmo tempo, rebatia a si mesma com a justificativa de que não conseguia ficar sem Gilberto, que o desejava acima de qualquer coisa. Sempre fora assim, mas ela se continha. Agora que era maior de idade, se decidira, e não iria perder a chance de estar com ele. "Vamos ver no que vai dar tudo isso."

— Você demorou, minha filha – disse-lhe Sílvia –, já estava preocupada.

— Desculpe-me, mãe, a conversa estava tão boa que nem vimos o tempo passar. Quando percebi já estava tarde.

— Tudo bem, minha filha, mas da próxima vez, se for demorar, por favor, nos avise.

— Está certo, mãe.

Resolveu que seria um bom momento para falar a respeito de algum curso, alguma coisa que possibilitaria sua saída.

— Mãe, estávamos conversando, e minha amiga disse que começou a fazer um curso de inglês próximo à casa dela. Fiquei interessada, o que a senhora acha de eu fazer o mesmo?

— Mas você já fala inglês, Sueli!

— Mas falo apenas o básico, mãe. Hoje, para conseguir-mos alguma posição no trabalho, é fundamental que saiba-mos falar inglês fluentemente.

— Vou falar com seu pai, ver o que ele acha disso. Mas antes queremos conhecer essa amiga de que você tanto fala. Quando irá trazê-la aqui para nos apresentar?

— É verdade, mãe, esqueci de combinar, mas vou falar com ela hoje mesmo. Se o papai aprovar meu curso, nos encontramos para fazer a matrícula e marcamos o dia para vir aqui, pode ser?

— Faça isso – respondeu Sílvia com um sensação estranha.

Feliz por ter conseguido contornar a situação, Sueli subiu para seu quarto. "Vou ligar para Gilberto", pensou, e em seguida discou para o rapaz.

— Gilberto – disse assim que ele atendeu –, sua ideia foi brilhante. Acho que minha mãe aprovou meu curso de inglês. Poderemos nos encontrar sem problemas.

— Mas como você vai poder levar esse curso adiante se não aprender a língua?

— Não seja bobo, falei inglês porque já falo muito bem. Disse que preciso me aperfeiçoar, só isso.

— Então está ótimo. Quando tudo estiver acertado, liga para mim e nos encontraremos novamente.

— Está certo!

Sueli não cabia em si de contentamento.

— Meu Deus, jamais pensei que um dia fosse me relacionar com Gilberto. Estou muito feliz!

Trocou-se, jogou-se na cama e se entregou aos seus devaneios. Sentia ainda o calor do corpo de Gilberto sobre o seu, e isso lhe dava uma sensação de volúpia. Imprudentemente, Sueli mergulhava no perigoso jogo do desejo.

Jonas chegou em casa:

— Está tudo bem, querida? Desculpe-me o atraso, mas, como havia lhe dito, tive uma reunião importante que se prolongou até tarde.

— Não faz mal, Jonas, você havia me avisado que iria se atrasar.

— E a Sueli, onde está?

— Já subiu para o quarto, chegou tarde também.

— Sinto um ar de preocupação em você. Está tudo bem mesmo?

— Está, sim. Quer dizer, Sueli veio com uma conversa de querer fazer um curso de inglês com a amiga. O que você acha disso, Jonas?

— Mas ela já não fala inglês?

— Já, mas disse que é uma especialização que irá propiciar melhores oportunidades de trabalho.

— É, pode ser, não vejo mal algum nisso. É natural que ela queira se preparar melhor para ingressar na vida profissional.

— Pedi a ela que trouxesse essa amiga aqui em casa o mais rápido possível. Estou incomodada com essa menina que não conhecemos.

— Fez bem. O que ela respondeu?

— Que amanhã, se você aprovar, irão se encontrar para fazer a matrícula e ela marcará um dia para vir aqui em casa.

— Está tudo certo, Sílvia. Vai ser bom Sueli se ocupar com alguma coisa que irá lhe garantir mais qualificação.

Nem suspeitavam que tudo não passava de uma fraude de Sueli, que, por sua vez, experimentava a sensação de liberdade para viver as emoções fúteis do desejo. "Preciso agora ver com minhas amigas qual estará disposta a entrar comigo nesse jogo. Preciso ver isso logo, antes que minha mãe, esperta como é, descubra toda a minha armação. Amanhã logo cedo vou até a casa de Vilma, que penso ser a única que irá aceitar me ajudar." E, cansada, ela se entregou ao sono reparador.

Logo nos primeiros instantes que o espírito de Sueli se viu parcialmente liberto, Hortência se aproximou.

— Sueli, o que pretende fazer com sua vida no plano físico, minha irmã? Joga-se em uma aventura sem perceber o abismo que se estende à sua frente. Recue, irmã, não se torne prisioneira de si mesma, do seu desejo. Preste atenção nas verdadeiras intenções de Gilberto, que nada mais deseja do que brincar, se divertir, machucar sua alma. Ainda é tempo, recue.

— Não sei por que sempre sonho com você, nem a conheço! – exclamou, Sueli.

— Não tem importância se não me reconhece. Eu a conheço, eu sei dos seus propósitos de vida na Terra, propósitos de redenção, mas que estão ficando em segundo plano por conta da sua leviandade, que já a prejudicou em outras encarnações.

— Qual o mal em querer satisfazer o que meu corpo pede, o que meu coração deseja? Qual o mal em querer ser feliz?

— O mal está na maneira pela qual está querendo ser feliz, maneira essa que jamais lhe trará a felicidade que almeja, porque está inserida na mentira, na volúpia, apenas na satisfação carnal.

— Mas eu sou matéria, meu corpo é físico, é de carne, portanto, minha satisfação só pode ser carnal.

Pacientemente, Hortência respondeu:

— Sueli, antes de nós sermos matéria, somos espíritos, e como espíritos devemos nortear nossas sensações, nossos desejos e anseios de acordo com as leis divinas, porque um dia todos retornarão e será feita a seleção. O que é matéria na Terra ficará e o que é do espírito nos acompanhará para o Reino de Deus.

— Eu não acredito muito nisso. Minha mãe já tentou me explicar, mas, para ser sincera, não creio nessas coisas que ninguém pode ver ou sentir. Enfim, acredito no que vejo e sinto, portanto, o que importa para mim são os desejos que sinto no meu íntimo sempre que me aproximo de Gilberto, e é com ele que quero ficar, seja do jeito que for.

— Pobre espírito! – exclamou Hortência – Que Jesus a proteja.

Como uma nuvem clara e brilhante, Hortência retornou à pátria espiritual. Sueli continuou ainda por alguns instantes vagando pela escuridão da noite até que o raiar do dia a fez abrir os olhos para o mundo físico.

— Que pesadelo – disse. – É impressionante como sempre tenho sonhos que me confundem, sempre converso com alguém que nunca vi, nem imagino quem seja... Prefiro sonhar com Gilberto. As coisas que ele tem para me dizer são bem mais interessantes.

12

A cúmplice

Sueli, bastante animada, comunicou à mãe que iria encontrar-se com sua amiga e combinar o dia que ela viria à sua casa.

— Faça isso, filha – respondeu Sílvia. – Seu pai e eu estamos ansiosos para conhecê-la.

Sueli beijou a mãe e saiu. "Preciso me encontrar com Vilma. Creio que somente ela poderá me ajudar nessa. Nunca teve problema em mentir, então não será agora que ficará cheia de escrúpulos. Sei onde ela mora, espero que não tenha mudado", continuou. "Vai ser muito bom ter liberdade para me encontrar com Gilberto sem levantar suspeitas."

Depois de quase uma hora, chegou ao endereço programado. Quem a atendeu foi Sheila, irmã mais nova de Vilma.

— Você não é Sheila, irmã de Vilma? – perguntou Sueli.

— Sim. E você quem é?

— Sou Sueli, amiga da sua irmã. Ela está?

— Sim. Espere um pouco, vou chamá-la.

Sueli aguardou ansiosa pela chegada de Vilma.

— Sueli? – perguntou Vilma assim que se aproximou. – Nossa, há quanto tempo não nos vemos, por onde andou?

— Por aí!

— E o que a traz aqui, posso saber?

— Claro. Preciso de sua ajuda, Vilma. Aliás, acho que somente você poderá me ajudar.

— Se me disser em que posso ajudar, verei se realmente consigo. Vamos entrar.

Sueli seguiu Vilma até o quarto dela.

— Aqui ficaremos mais à vontade para conversar – disse Vilma. – Imagino que seja algo, vamos dizer, meio que secreto, acertei?

— Mais ou menos. Secreto apenas para meus pais, mas nada que possa prejudicá-la.

— Espero. Então diga.

Sueli contou com detalhes tudo o que pretendia.

— Como você vê, quero apenas que vá até minha casa para apresentá-la aos meus pais e confirmar que faremos juntas um curso de inglês, nada mais que isso.

— Você tem certeza de que quer mesmo embarcar nessa aventura, Sueli? Sim, porque não deixa de ser uma aventura se relacionar com alguém que deseja apenas um envolvimento casual, sem responsabilidade, sem compromissos, enfim, não sei se será bom para você.

Irritada, Sueli respondeu:

— Isso quem tem que decidir sou eu, Vilma. Para mim está bom assim, pelo menos por enquanto. Depois, com o passar do tempo, tenho certeza de que tudo irá mudar. Ele vai me assumir e iremos construir uma vida feliz.

— Mas você, que é tão nova ainda, vai se contentar em ser apenas amante dele, encontrar às escondidas, mentindo para seus pais, criando fantasias? Não sei, Sueli, não estou gostando disso. Tenho receio de compactuar com algo que não concordo. – Diante do silêncio de Sueli, Vilma voltou a falar: – Pense bem, minha amiga, por que não dizer a verdade para seus pais? Dizer o que sente, o que quer. Sempre virá um bom conselho.

— O conselho de meus pais eu já sei. Eles irão se escandalizar, falar um montão de bobagens. Não quero mais ouvir nada, Vilma, nem de você, que está me decepcionando, me julgando. Se não quer me ajudar, é uma opção sua, não vou insistir. Mesmo assim, muito obrigada pela atenção.

Virou-se e ouviu a voz de Sheila dizendo:

— Se quiser, eu ajudo você! – exclamou.

Sueli aproximou-se da irmã de Vilma e disse:

— O que você quer dizer?

— Quero dizer que se quiser eu ajudo você a se encontrar com esse rapaz... Como é mesmo o nome dele?

— Gilberto!

— Pois bem, ajudo a se encontrar com o Gilberto. Apresente-me a seus pais e eu farei a minha parte.

— Nem sei o que lhe dizer Sheila – falou Sueli. – Agradeço muito por sua disposição, por ter entendido as minhas razões. – Olhou para Vilma e falou: – O que esperava de você, Vilma, foi sua irmã quem me deu.

— Espero que não se arrependa mais tarde, Sueli.

— Não vou me arrepender. Aliás, me arrependeria se não aproveitasse a oportunidade de estar com quem eu quero.

Sheila só observava. Pensava que Sueli era perfeita para entrar no grupo, e por fim disse:

— Bem, agora vamos combinar tudo o que tenho de falar para seus pais; não podemos cometer nenhum erro.

— Tem razão – concordou Sueli –, vamos combinar.

Sueli, na volta para casa, levava o coração ansioso e feliz por acreditar que finalmente iria encontrar sua liberdade para sair de casa e se encontrar com Gilberto pelo menos duas vezes por semana, nos dias das aulas do suposto curso. Sheila foi muito legal, pensava. "Vilma se tornou uma boba, moralista. Pelo menos sua irmã pensa e age diferente dela. Vai dar tudo certo."

Enquanto isso, Vilma questionava sua irmã, querendo saber a razão pela qual ela concordara com aquele esquema mentiroso.

— Diga-me, Sheila, por que fez isso?

— Ora, Vilma, só quis ajudar, que mal há nisso?

— Mal nenhum se fosse algo de bom senso, de verdade, e não essa mentira deslavada que com certeza irá machucar todos os envolvidos, principalmente Sueli.

— Nossa, Vilma, não seja trágica e pessimista. É apenas uma brincadeira.

— Não se brinca com os sentimentos dos outros, Sheila, e os sentimentos em questão são os dos pais dela, porque, pelo visto, esse tal Gilberto só quer mesmo é se dar bem com a Sueli.

— Bom, isso é um problema dela! Pense que pode ser muito bom para Sueli – exclamou Sheila sem o menor questionamento.

— É, tem razão, fiz o que achei ser justo, mas a escolha foi dela – disse Vilma dando o assunto por encerrado.

Assim que Sueli entrou em casa, perguntou por sua mãe.

— Ela saiu – disse Jandira –, mas não deve demorar.

— Vou para o meu quarto. Assim que ela chegar, você me avisa, Jandira?

— Claro! Algum problema, Sueli?

— Nenhum, Jandira, ao contrário. Quero contar algo que imagino que a fará ficar contente.

Fechou a porta do quarto e ligou para Gilberto.

— Sueli? – perguntou Gilberto, surpreso.

— Sim, sou eu.

— Por que está me ligando?

— Preciso falar com você, oras...

— Por favor, não quero que fique me ligando toda hora, não gosto que invadam minha privacidade.

— Mas, Gilberto, isso não é invadir sua privacidade. Quero apenas lhe dizer que consegui arrumar um jeito de nos encontrarmos duas vezes por semana sem levantar suspeitas aqui em casa.

— Como assim?

— Fiz o que você sugeriu. Arrumei um curso de inglês, e é obvio que não vou frequentar, porque nos dias em que houver aula estaremos juntos. O que você acha?

— Que ótimo!

— Só isso que você tem a dizer?

— O que posso dizer mais, Sueli? Achei ótimo, vamos poder ficar juntos, saciar nossos desejos sem precisar prestar contas disso para ninguém, pois isso só diz respeito a nós dois.

— É verdade. Então, quando iremos nos ver?

— Fale-me os dias e os horários para que possamos nos encontrar.

— Amanhã, às quatorze horas. Estarei livre até as quinze horas, quando termina a aula.

— Somente uma hora? Mas é muito pouco!

— Não, Gilberto, está ótimo.

— Então está combinado. Nos encontramos no mesmo lugar?

— Sim.

— Não me liga mais, tudo bem?

— Tudo bem, se você quer assim.

"Amanhã... Só de pensar nisso meu corpo estremece."

— Sueli – ouviu a voz de Jandira. – Sua mãe chegou!

— Tudo bem, Jandira, já vou.

Desceu rapidamente, movida pela ansiedade de contar à mãe sobre Sheila e, mais que isso, pela alegria de resolver sua vida por si mesma, traçar seu caminho do jeito que escolheu viver a fantasia, o sonho e o delírio da maneira que pensava que deveriam ser vividos.

— Então, filha, o que quer me dizer?

— Mãe, falei com minha amiga. Ela virá logo mais, à tarde, para conhecer a senhora e o papai. Vamos fazer o curso juntas e o início é justamente amanhã.

— Ótimo, filha. Fico mais tranquila se souber com quem você está andando.

— Quanto a isso, pode ficar mesmo. Ela é muito legal.

— Que bom!

Sílvia afastou-se e, sem que tivesse feito nenhum esforço, sentiu um incômodo em seu coração. "Engraçado", pensou, "sempre que converso com Sueli a esse respeito sinto um desconforto, uma preocupação, como se estivesse sendo enganada por uma mentira. Deve ser somente impressão".

Sueli ligou o rádio e, deliciando-se com as músicas, entregou-se ao sonho de poder estar mais vezes com o alvo do seu desejo.

— Gilberto! – exclamava. – Você não faz a menor ideia do quanto eu quero você. Nem eu mesma entendo o que acontece comigo cada vez que nos aproximamos. A única coisa que sei é que preciso estar com você sempre.

Ouviu a voz de Jandira chamando-a.

— Sueli, tem uma jovem aqui querendo falar com você.

— Quem é?

— Ela diz se chamar Sheila e que você a espera.

O coração de Sueli disparou.

"Meu Deus... Tomara que dê tudo certo."

— Mande-a entrar, eu estou indo.

Desceu rapidamente e em poucos minutos apresentava a amiga à sua mãe.

— Muito prazer em conhecê-la, senhora.

— O prazer é meu... Como é mesmo seu nome?

— Sheila.

— Fique à vontade, Sheila, seja muito bem-vinda.

— Obrigada.

Sílvia olhava insistente para Sheila, e a mesma sensação de que algo estava errado voltava a incomodá-la. "Não sei de onde vem essa preocupação", pensava, "preciso apenas ficar atenta com Sueli".

Os momentos em que Sheila permaneceu na casa de Sueli foram de descontração. As perguntas de Sílvia foram todas respondidas e ela, dando-se por satisfeita, encerrou o questionamento. Não imaginava que todas as respostas haviam sido ensaiadas por Sueli e Sheila.

Elas serviram-se de um delicioso refresco e depois Sheila despediu-se dizendo:

— Obrigada, D. Sílvia, tive muito prazer em passar um tempo em sua casa. – Voltou-se para Sueli: – Amiga, não se esqueça de que amanhã começa o curso, não podemos atrasar; é bom chegar uns minutos antes.

— Tudo bem, Sheila, vou chegar vinte minutos antes de iniciar, está bom?

— Claro, eu também vou chegar nesse horário.

— Então, mãe, o que achou da Sheila? – perguntou Sueli.

— Parece-me uma boa pessoa, educada, gentil. Estou satisfeita.

— Estou liberada?

— Está, filha.

Sueli beijou sua mãe, foi para o quarto e, sem mais demora, ligou novamente para Gilberto.

— Sou eu!

Irritado, ele respondeu.

— Tenho a impressão de que pedi para não me ligar, não foi?

— Foi, mas preciso lhe dizer uma coisa.

— Então, diga!

— Podemos nos encontrar um pouco mais cedo. Vou chegar vinte minutos antes da hora que marcamos, está bem?

— Claro, estarei lá. – Ele já ia desligar, mas voltou a falar: – Não se esqueça de chegar bem bonita e perfumada, ok?

Sorrindo, Sueli respondeu.

— Espera para ver, pode sonhar.

Ao desligar o telefone, pensou: "Vou dormir mais cedo. Assim a noite passa mais depressa".

Hortência orava ao Senhor pedindo auxílio para aquela jovem tão inconsequente. Assim que a viu liberta mais uma vez, aproximou-se.

— Sueli, escute-me.

— Você novamente?

— Ainda é tempo de voltar atrás nessa leviandade, nesse engano em que está se atirando. É preciso respeitar a si mesma. Não se lance ao sofrimento que virá a partir do momento em que desrespeitar seu corpo, seu espírito. Enfim, o amor real não é do jeito que pensa, é maior, mais profundo, é fortalecido pelo respeito de si mesma, e não essa brincadeira que poderá machucá-la.

— Para mim, o amor é o que eu sinto, esse desejo que me move, a sensação de prazer, de liberdade que ele me dá em ser quem sou de verdade.

— Inserido na mentira, nas atitudes enganosas, no desrespeito com seus pais? Você pensa que o amor é isso? Não,

Sueli, não é. O amor, quando verdadeiro, dá a quem o sente a paz, a satisfação de amar e ser amado, o respeito ao ser amado. Quem ama pensa na felicidade ao lado do outro, e não apenas no prazer que a carne propicia.

— Por que você sempre vem me falar essas coisas? Quando desperto não me lembro de nada, mas fico com uma sensação estranha, incomodando. Não vejo qual a vantagem disso tudo.

— Você não se lembra, mas tudo fica gravado em seu coração, em seu espírito, e lhe dá forças para vencer a si mesma se ouvir a sua consciência.

— E se eu não quiser, se preferir ser como sou, sentir o que sinto e o que é importante para mim?

— Minha irmã, você possui o direito de escolha, de ser e agir como achar conveniente, mas também não pode esquecer que todos os nossos atos geram uma consequência proporcional às atitudes praticadas, aos estragos cometidos conosco e com nosso próximo, e dessa colheita ninguém fica livre. Agora vá, seu corpo físico precisa de sua presença.

Sueli logo despertou no plano físico. Estava molhada de suor.

"Nossa... Que sonho eu tive. É incrível como meus sonhos são mais para pesadelo, sempre do mesmo jeito. Acho que isso é a ansiedade que sinto diante da expectativa de me encontrar com Gilberto. Mas agora é me concentrar e procurar uma roupa bem bonita. Quero deixá-lo tonto de tanto prazer. Ele ainda vai ficar totalmente preso a mim, sem conseguir escapar." Na sua leviandade, Sueli sorriu satisfeita consigo mesma.

13

Em busca da verdade

A partir desse dia, os encontros entre Gilberto e Sueli foram se tornando cada vez mais frequentes e levianos. Gilberto passou a mostrar seu verdadeiro caráter: possessivo e autoritário. Sem nenhum cuidado em demonstrar carinho por Sueli, tratava-a como um objeto que lhe dava o prazer que buscava, apenas isso, enquanto Sueli se tornava uma presa cada vez mais submissa, que aceitava tudo por não conseguir se desvencilhar do namorado.

Às vezes questionava a si mesma por que suportar uma relação sustentada apenas e exclusivamente pelo desejo carnal, sem outro sentimento que não fosse o prazer, que se tornava cada vez mais perigoso. "Meu Deus", pensava, "tudo está saindo diferente do que eu imaginava. Gilberto torna-se cada vez mais exigente e possessivo, nem sequer se preocupa com meus sentimentos, e eu estou cada vez mais submissa, satisfazendo todos os anseios dele".

Mesmo com esses questionamentos em mente, Sueli não encontrava forças para reagir, pois, quando estava com Gilberto, nada mais lhe interessava, a não ser suas carícias.

Em um dos encontros, no auge das sensações, Gilberto lhe disse:

— Tenho uma surpresa para você, Sueli, ou melhor, para nós dois. Sei que vai se surpreender, mas com certeza vai amar.

Entusiasmada, acreditando que finalmente ele assumiria o compromisso, Sueli respondeu:

— Então fale logo, estou ansiosa!

— Calma. Feche os olhos e depois abra bem devagar.

Assim fez Sueli. Ao abrir os olhos, Sheila estava bem na sua frente. Mal pôde controlar a surpresa.

— O que ela está fazendo aqui, Gilberto?

— Ora, Sueli, ela é a surpresa!

— Como assim? Não entendo aonde quer chegar.

— É muito simples, ela veio brincar conosco.

— Ela o quê?

— Ora, Sueli, não se faça de desentendida, você sabe o que isso quer dizer. É exatamente do que você, assim como eu, gostamos, e já está mais que na hora de compartilharmos nossos encontros com nossa amiga.

— Amiga? Desde quando você é amigo de Sheila?

Foi a vez de Sheila falar.

— Desde sempre, Sueli.

— Como assim, Sheila? Eu não me lembro de tê-la visto com Gilberto em nenhum momento desde que o conheço.

— O fato de você não ter me conhecido não caracteriza que não somos amigos de longa data. Por que você acha que fui interceder a seu favor junto de seus pais?

— Por quê?

— Porque Gilberto e eu vimos em você uma parceira em potencial. Você é passional, Sueli, possui o desejo infiltrado em sua pele. Esperamos um tempo até você se firmar bem com Gilberto, estar submissa às vontades dele, e agora chegou a hora.

Sueli sentiu que ia desfalecer.

— Vocês perguntaram se eu quero isso? Eu não quero, e a partir deste momento estou fora, Gilberto. O que vocês desejam não me interessa.

Levantou-se para sair, mas foi impedida por Gilberto.

— Aonde você pensa que vai, Sueli? Acho melhor se preparar para uma tarde de muitas emoções, porque não vai ter outra escolha.

— E quem vai me impedir de ir embora?

Gilberto, quase desfigurado, aproximou-se dela dizendo:

— Eu, Sueli. Eu vou impedi-la de ir embora, e é melhor você aceitar a nossa oferta, pois, caso contrário, tenho um grande acervo de fotos nossas que matariam seus pais de vergonha se eu as mostrasse.

— Você não faria isso!

— Não? É melhor não pagar para ver.

— Deixe de bobagens, Sueli, logo você vai se acostumar, e tenho certeza de que irá gostar. Não vamos perder mais tempo.

Iniciou-se para Sueli naquele momento o caminho da inconsequência, da leviandade e do sofrimento. Somos espíritos na nossa essência e, como espíritos, precisamos vivenciar as virtudes que irão nos elevar cada vez mais à condição de criaturas de Deus.

Quando o corpo denso se desfaz pela desencarnação, o espírito se projeta na espiritualidade vitorioso ou devedor, dependendo das atitudes tomadas durante a sua permanência no plano físico. As consequências dos atos levianos e inconsequentes, dos delírios carnais em que apenas são levados a sério o prazer e as paixões, são severas, causando dor, desalento e prisões em si mesmos.

O sentimento do amor, o ato da entrega, vai muito além das satisfações físicas, é um encontro de almas, e, como almas, aliam-se na explosão maior do amor. Sueli, em seu devaneio, caíra na armadilha do desejo.

Sílvia andava preocupada com Sueli.

— Não sei, Jonas, Sueli parece-me muito diferente de uns tempos para cá.

— Como assim? – perguntou Jonas.

— Tenho a impressão de que se tornou mais madura, diria mesmo mulher. Não se encontra mais com Bernardo, frequenta um curso que parece não ter fim, sempre foge das minhas indagações, enfim, acho tudo muito estranho.

— Simples, Sílvia. Vamos intensificar nossa atenção, perguntar mais, dizer-lhe claramente quais são as nossas dúvidas e analisar suas respostas.

— Tem razão, vou me aproximar mais de Sueli.

— Faça isso, querida.

Sílvia foi até a cozinha perguntar a Jandira sobre Sueli.

— Você sabe onde ela está, Jandira?

— Sei, D. Sílvia. Saiu há uns trinta minutos mais ou menos depois de receber um telefonema.

— Sabe de quem?

— Não. Mas pela expressão de Sueli pareceu-me ser algo que a agradou.

— Ela sai sem falar comigo ou com o pai?

— Sabe como são as moças de hoje, D. Sílvia. Julgam-se autorizadas a direcionar sua própria vida sem dar satisfação a ninguém. Sueli não é diferente.

— Tem razão, Jandira, Sueli mudou muito nesses últimos tempos e estou realmente preocupada. Ela não faz mais questão de nos dar satisfação sobre sua vida; se perguntada, responde de maneira lacônica, enfim, julga-se livre para fazer o que bem entende. Não sei o que fazer.

— D. Sílvia, por que não fala com Bernardo? Pode ser que ele saiba de alguma coisa; são tão amigos.

— Acho que foram, Jandira. Há tempos não a escuto falar dele. De qualquer forma, você me deu uma boa ideia. Vou pedir que ele venha até aqui em casa.

Feito o pedido, Bernardo de pronto atendeu.

— Passo aí no final da tarde, D. Sílvia.

— Estarei esperando.

Controlando a ansiedade natural que sentia sempre que Sueli agia sem prudência, Sílvia esperou por Bernardo.

— Sente-se – disse-lhe assim que o cumprimentou. – Quero muito falar com você, Bernardo, ou melhor, fazer-lhe uma pergunta.

— Faça, D. Sílvia.

— Você tem se encontrado com Sueli assiduamente?

Bernardo pensou antes de responder. Sentia-se constrangido em falar a verdade, ou seja, que há dias não se encontrava com Sueli nem falara com ela.

— Pode ser franco, Bernardo, já estou até imaginando a sua resposta.

— D. Sílvia, já não me encontro com Sueli como antes. Parece que ela foge de mim e não faço a menor ideia da razão.

— Eu imaginava. Nunca mais apareceu aqui em casa!

— Mas por que essa preocupação agora, D. Sílvia?

— Por nada, Bernardo. Gostaria apenas de pedir-lhe um grande favor.

— Pode falar. Se eu puder ajudar em alguma coisa, pode contar comigo.

Constrangida, Sílvia falou:

— Se possível, poderia tentar descobrir aonde ela vai quase todos os dias?

Bernardo assustou-se.

— Como assim? A senhora pede que eu a siga, é isso?

— Falando assim, Bernardo, parece uma coisa horrível, mas preciso apenas saber o que Sueli está fazendo todos os dias quando sai de casa.

— Ela não faz um curso de inglês?

— É isso que me preocupa Bernardo. O curso é duas vezes por semana, mas ela está saindo quase todos os dias e, pior, sem dar nenhuma explicação para onde está indo. Tudo me parece estranho e não nego que estou preocupada. Se você puder me ajudar, Bernardo, ficarei imensamente grata a você.

Bernardo se sensibilizou com a preocupação de Sílvia.

— Está bem, D. Sílvia, vou ver o que posso fazer.

Levantou-se para sair.

— Aguardo notícias suas, Bernardo, e muito obrigada.

— Darei notícias.

Despediram-se.

Sílvia, ao mesmo tempo que se sentia aliviada, questionava a si mesma se o caminho era aquele.

— Meu Deus, não sei se é certo envolver Bernardo nessa desconfiança, mas não aguento mais essa suspeita que machuca meu coração.

— Falando sozinha, D. Sílvia? – escutou a voz de Jandira.

— Oi, Jandira, não a vi chegar.

— Percebi, a senhora estava distante, pensando alto.

— Como se diz, conversava com os meus botões, Jandira. Fiz algo que não sei se é válido.

— Conversou com Bernardo?

— Sim. Como eu previa, ele não se encontra com Sueli há muito tempo. Pode parecer bobagem, Jandira, mas estou realmente preocupada com minha filha.

— Pode ser mais clara, D. Sílvia? O que na verdade lhe traz tanta preocupação?

— Tenho até vergonha de falar, minha amiga. Oro muito a Deus para que seja apenas uma impressão sem fundamento.

— Agora quem está preocupada sou eu. Por favor, D. Sílvia, seja clara. Fale francamente.

— Veja bem, Jandira. Sueli mudou bastante, seus hábitos, sua maneira de se portar, de se vestir. Quase não está conosco e, principalmente, foge de qualquer tentativa de minha parte de querer dialogar com ela. Acho tudo isso muito estranho.

— Vou ser sincera, D. Sílvia, já havia notado isso também, mas não ouso pensar em nada relacionado a esse comportamento que seja grave.

— Então pensamos a mesma coisa, Jandira. Vou falar com todas as letras: meu receio é ela estar se relacionando com aquele cafajeste do Gilberto, rapaz sem escrúpulos que pode muito bem estar influenciando Sueli, atraindo-a com belas e falsas palavras.

— A senhora está certa. Sueli sempre gostou desse rapaz, mesmo depois do que ele fez, não o tirou do seu coração. Mas o que a senhora pediu a Bernardo que a deixa insegura?

— Pedi que descobrisse o que na verdade está acontecendo.

— E ele?

— Relutou a princípio, mas depois disse que vai tentar descobrir. Acha que fiz mal, Jandira?

— Penso que não. Foi movida pelo sentimento de uma mãe preocupada com a filha, só isso.

— Bem, agora já está feito, e esse é o único caminho para conseguir descobrir. Se não for através de Bernardo, vai ser através de mim, porque vou segui-la até chegar ao início desse novelo.

— É melhor que seja por Bernardo, D. Sílvia.

Uma semana se passou sem que Bernardo conseguisse encontrar com Sueli. "Ela sempre foge de mim", pensava, "tenho a impressão de que D. Sílvia deve estar certa. Parece mesmo que ela não quer ser descoberta, mas vou até o fim, prometi a D. Sílvia e vou cumprir".

Dois dias mais tarde, Bernardo encontra-se com João, amigo de Gilberto, e o questiona.

— E aí, companheiro, onde anda Gilberto? Há um tempo não nos vemos, parece que desapareceu do planeta.

— Se desapareceu, não sei, mas que ele está numa boa está.

— Como assim? O que quer dizer com isso?

— Você não sabe?

— Sabe o que, João?

— Há um tempo ele está, vamos dizer, namorando a Sueli, lembra-se dela?

— Claro! E aí, o que tem isso de estranho? Ele sempre foi a fim dela e a recíproca era verdadeira.

— De estranho não teria nada se fosse mesmo um namoro, mas não é, meu amigo.

Já visivelmente preocupado, Bernardo perguntou:

— Por favor, João, vamos logo ao que interessa. Por que não é apenas um namoro?

— Porque nunca vi um rapaz que ama sua namorada levá-la para participar de brincadeiras e joguinhos com outros casais, você já viu?

Bernardo sentiu que desfalecia.

— Você está de brincadeira comigo, não é mesmo, João?

— Não, Bernardo, não estou. Quisera estar, porque sempre pensei que a Sueli fosse uma moça de respeito, e não que vivesse para satisfazer desejos e sensações. Você me entende, não?

— Infelizmente, sim, João, eu entendo.

— Você poderia me dar mais informações, João? Por exemplo, onde posso encontrar com Sueli?

— Claro! É só ir ao apartamento de Gilberto. Quase todas as tardes eles se encontram lá, mas vai preparado porque o preço é alto.

Visivelmente abatido, Bernardo falou ao amigo:

— Você quer dizer que Sueli se tornou uma garota de programa, é isso?

— É você quem está dizendo.

— Tá bom, João, já sei o suficiente.

Despediu-se do amigo e afastou-se sem conseguir esconder a dor que lhe ia à alma.

"Ele só pode estar brincando, isso não é verdade. Não com Sueli, tão nova, bonita, bem-nascida. Só pode ser brincadeira de mau gosto. Mas... E se for verdade? O que vou dizer para D. Sílvia? Ela vai morrer de desgosto. Preciso tirar isso à prova, descobrir se realmente procede essa história."

Desanimado, Bernardo continuou seu caminho sem deixar a preocupação que se instalou em seu coração. "Meu Deus", pensava, "talvez por isso Sueli tenha se afastado de mim. Mas deixe estar, amanhã vou esperá-la perto do apartamento de Gilberto e tirar a limpo toda essa história".

Sueli mais uma vez se aprontava para sair quando Jonas entrou sem bater em seu quarto e disse-lhe:

— Muito bem, Sueli, pode me dizer aonde vai?

— O que é isso, pai? Agora entra no meu quarto sem bater?

— Exatamente isso, e exijo que me diga agora aonde pensa que vai.

— Se estou me arrumando é porque vou sair – respondeu Sueli em um tom de voz que Jonas não gostou.

Tentando manter a calma, ele voltou a perguntar:

— Que você pretende sair, estou percebendo. Quero que me diga aonde vai e por que agora sai praticamente todos os dias.

— Simples... Porque sou jovem, tenho amigas e estou no meu direito de viver a minha vida.

Jonas mal podia acreditar nas palavras da filha. Visivelmente irritado, respondeu:

— Eu não estou brincando, Sueli. Sua mãe já me colocou a par de tudo, de suas saídas misteriosas, sua falta de comunicação conosco, sua insistência em não dizer aonde vai e o que faz, portanto, vamos simplificar nossa conversa. Diga-me o que está fazendo.

Com ar de enfado, Sueli sentou-se na cadeira em frente ao espelho e disse:

— Pois bem, pai. Saio com Sheila. Vamos ao nosso curso de inglês, passeamos um pouco e depois volto para casa, apenas isso. Sou jovem, pai, preciso me divertir. Que mal há nisso?

— Não subestime minha inteligência, minha filha.

— Mas é isso o que acontece, pai, nada mais do que isso. Agora, posso ir? Já estou atrasada para minha aula.

Jonas pensou por uns instantes e respondeu:

— Por agora, sim, mas não pense que nossa conversa termina aqui. Vamos voltar a esse assunto.

Saiu tão ou mais abalado do que entrou.

— Não sei... Não sei – dizia a si mesmo. – Aí tem coisa muito mais séria.

— E aí, querido, conseguiu alguma coisa com Sueli?

— Sílvia, quero apenas lhe dizer uma coisa: prepare-se porque aí vem coisa grossa.

— O que quer dizer?

— Quero dizer que não gostei da maneira como Sueli falou. Ela esconde alguma coisa, mas tenha certeza de que vou descobrir o que é. Bernardo deu alguma notícia?

— Ainda não.

— Peça a ele que venha até aqui. Penso que juntos poderemos descobrir mais facilmente tudo o que está envolvendo Sueli.

— Farei isso.

— Com certeza, D. Sílvia. Estarei aí logo mais, assim que sair do trabalho, pode ser?

— Claro, Bernardo. Estaremos no aguardo.

Caminhando rumo ao seu encontro com Gilberto, Sueli pensava: "Não sei, mas algo me diz que meus pais estão desconfiando de alguma coisa. Perguntam demais, preciso ficar mais atenta, espaçar um pouco meus encontros com Gilberto para não gerar desconfianças. Vou falar francamente com ele. Já estou mesmo um tanto cansada dessa brincadeira que nem sei onde vai parar. O que me prende é saber que posso ficar com Gilberto o tempo que quiser, satisfazer meus anseios, entregar-me ao desejo violento que sinto por ele e que eu nem mesmo compreendo".

Ao avistar Gilberto sentado no mesmo lugar de sempre, Sueli se aproximou:

— Oi, amor, demorei?

Gilberto, levantando-se, disse com rispidez:

— Já lhe pedi mil vezes que não me chame de amor.

— Por quê?

— Porque não sou seu amor, nem você é meu amor!

— O que somos, então?

— Parceiros. Simplesmente parceiros que se encontram para satisfazer seus desejos mais loucos. Não é isso que você, assim como eu, deseja?

— Mas eu pensei que...

— Não pense, Sueli, apenas continue agindo como só você sabe fazer. É só isso que me interessa e que deve interessá-la também.

Decepcionada, Sueli respondeu:

— Mas, Gilberto, se gostamos tanto de estar um com o outro, se nos completamos no que há de melhor em uma relação, que diferença isso faz? Para mim é tudo a mesma coisa!

— Aí é que você se engana, Sueli!

— Como assim?

— Pensa bem, garota. Uma coisa é você gostar de alguém para se divertir, realizar fantasias, viver de uma maneira intensa; outra é você amar alguém para estar constantemente ao seu lado, construir uma família, fincar raízes, enfim, uma pessoa em quem confia e a quem admira para seguir ao seu lado pela vida, você entende, não?

Sueli sentiu o chão sumir debaixo de seus pés. A voz de Gilberto soava como um estrondo, como se sentenciasse um futuro negro sem alternativa de felicidade. Sua cabeça girou, suas pernas tremeram e em segundos ela desfaleceu, sendo amparada por Gilberto, que, nervoso, chamou por socorro, sendo prontamente atendido por um humilde senhor que vendia pipoca no local.

— Ajude-me, senhor – dissera ele. – Minha amiga sentiu-se mal.

Na sua simplicidade, o senhorzinho respondeu:

— Deve ser a pressão que caiu. Vamos colocar um pouquinho de sal embaixo da sua língua, assim ela melhora.

— Não sei – disse Gilberto receoso. – Vamos esperar um pouco para ver se ela melhora.

— O senhor é quem sabe!

Passados alguns segundos, Sueli abriu os olhos.

— O que aconteceu? – perguntou.

— Você se sentiu mal, mas já passou.

— É melhor sentá-la aqui no banco – disse o senhorzinho.

— Tem razão.

Acomodaram Sueli e esperaram até que ela voltasse ao normal, o que não demorou muito para acontecer. Quando tudo passou, Gilberto retomou a conversa de antes:

— E aí, Sueli, pode me dizer a razão desse "ataque"?

— Não sei, Gilberto, você foi falando, dizendo coisas que me magoaram muito. Nem percebi quando desmaiei. Peço desculpas.

— Desculpas aceitas, mas que isso não se repita.

Cada vez mais, Sueli se impressionava com a maneira de Gilberto falar. "Ele não tem o menor sentimento por mim", pensava Sueli. "O que fui fazer com minha vida?", perguntava-se.

— Em que está pensando?

— Penso na maneira deselegante com a qual você se referiu a mim, sem o mínimo de respeito ou consideração. O que na verdade represento para você, Gilberto?

"Fui longe demais", pensou Gilberto. "Agora é tentar consertar."

— Por favor, responda – insistiu Sueli.

— Claro que vou responder, pois não tenho nada a esconder.

— Pois então diga!

— Sueli, eu gosto de você, mais daí a casar vai um tempo muito grande. Por que não ficamos como estamos? Não vejo mal algum. Nós nos damos bem, Sueli, nos divertimos com nossos amigos que pensam como nós. Para que estragar o que está dando certo?

— Estragar? O que quer dizer?

— Quero dizer que essa exigência sua de querer algo mais sério, namoro, casamento, compromisso, isso não existe mais, Sueli. Na verdade, o que importa são nossos sentimentos, nossos desejos realizados, e eu estou feliz assim.

Magoada, Sueli respondeu:

— Mas eu não estou feliz!

— Por quê?

— Porque quero algo mais, preencher minha vida com atitudes sólidas.

— Atitudes sólidas, como assim?

— Estou dizendo de família, Gilberto, filhos, realizações. Estou ficando cansada desses joguinhos que você teima em dizer que são o suficiente. Podem ser para você, mas para mim não mais.

— Mas você gosta, Sueli. Você diz que deseja o mesmo que eu. Por que isso agora?

— Porque percebi que estou errada. Esse meu comportamento está me afastando dos meus pais. Sinto nos olhos deles a angústia de não saber a razão dessa mudança em mim. Para ser franca, Gilberto, estou ficando envergonhada de mim mesma.

"Preciso contornar essa situação", pensou Gilberto, "não posso perder todo o prazer que ela me proporciona".

— O melhor a fazer é o seguinte, Sueli: vamos nos afastar um pouco de Sheila e de todo o resto. Vamos viver nossa história, dar tempo ao tempo. Lá na frente, assumimos nosso compromisso real, ou seja, o compromisso que você está me cobrando.

— Está falando sério?

— Claro – mentiu Gilberto. – Só peço um pouco mais de tempo.

Novamente iludida pelo desejo que alimentava por Gilberto, Sueli abraçou-o.

— Obrigada. Agora tudo muda de figura.

— Por quê?

— Porque sei que um dia estaremos juntos de verdade.

— Então, se está tudo resolvido, vamos para nosso refúgio, porque quero abraçá-la, tê-la em meus braços, todinha minha.

Sueli aconchegou-se em Gilberto acreditando haver resolvido uma questão que a deixava apreensiva. "Acho que consegui convencê-lo", pensou animada.

A falta de vigilância com nossas atitudes nos leva, não raro, a nos enganar; entregamo-nos levianamente, sem reservas, às pessoas que imaginamos serem corretas e dignas, baseando-nos apenas na aparência, que nada mais é do que o corpo físico à mostra, esquecendo-nos de que a essência é o ser na realidade.

O essencial é invisível aos olhos, e o coração é o local onde se abriga o bem e o mal. Ele é a bússola que leva o homem para o bem ou para o mal, dependendo do amor que balsamiza a alma.

Não se consegue felicidade sem coração limpo, sem atitudes nobres, sem a dignidade que nos eleva à condição de criaturas de Deus.

14

O confronto se aproxima

Bernardo encontrou-se com Jonas.

— E aí, Bernardo, conseguiu apurar algum indício sobre o comportamento de Sueli? – perguntou-lhe aflito e inseguro diante da possibilidade de a verdade ser desastrosa.

— Sim, Dr. Jonas – respondeu-lhe Bernardo.

— Então diga, meu rapaz, o que foi que descobriu?

Desconfortável, Bernardo respondeu:

— Gostaria, se possível, de conversar a sós, pode ser?

Sílvia logo entendeu que ele pedia gentilmente que saísse.

— Por que não posso ficar, Bernardo? – perguntou um pouco irritada. – Esquece que sou mãe de Sueli?

— Desculpe-me, D. Sílvia, não quero ofendê-la, mas é que fico mais à vontade falando diretamente com o Dr. Jonas, que com certeza colocará a senhora ciente de tudo.

— Querida, deixe-nos a sós, você saberá de tudo, eu prometo.

Contrariada, Sílvia deixou o local.

— Pode falar, Bernardo. Imagino que as notícias não são boas, já que pediu que Sílvia saísse. É isso mesmo?

— Infelizmente, sim, Dr. Jonas. Não me senti confortável em falar na frente da D. Sílvia. Creio que ela irá sofrer muito.

— Então, por favor, diga logo, porque estou ansioso e preocupado.

Sem meias palavras, Bernardo relatou tudo o que havia apurado com João.

— E é isso, Dr. Jonas. Sueli se envolveu novamente com Gilberto, isso já há muito tempo, e ele a levou para participar de um grupo do qual também participa sua amiga Sheila.

— Sheila? Não é aquela que veio pedir para fazerem um curso juntas?

— Sim. Ela mesma.

— Meu Deus! Que grupo é esse, Bernardo?

— É um grupo de jovens que levam a vida como se fosse um brinquedo, daquele tipo que o que importa é ser feliz, independentemente dos atos levianos que praticam.

— Como assim?

— Desejos físicos, encontros em que apenas o desejo está presente, sem compromissos, sem dignidade nem ética. É isso, Dr. Jonas.

Jonas sentiu um mal-estar tomar conta de todo o seu ser.

— Meu Deus! – foi o que conseguiu dizer. Ao se recompor, voltou a perguntar:

— Sueli faz parte desse grupo, é isso?

— Infelizmente, sim, Dr. Jonas. Sinto muito dar-lhe essa notícia.

— Fique à vontade, Bernardo. Você nos fez um grande favor – e completou: – Falando em favor, posso lhe pedir mais um?

— Claro, quero muito ajudá-los a resolver essa questão. Pode contar comigo.

— Poderia fornecer-me esse endereço e, mais ainda, poderia ir comigo até lá?

— Irei, sim, mas como vamos saber o dia em que tudo isso acontece?

— No dia em que Sueli sair de casa misteriosamente, como tem feito.

— Tem razão. Está bem – disse Bernardo levantando-se. – Se o senhor me der licença, preciso ir. Fico no aguardo de sua comunicação.

Assim que saiu da casa de Jonas, Bernardo passou a mão pela testa e disse a si mesmo:

— Essa acabou comigo. Como Sueli foi se meter com Gilberto se ela sempre soube que ele não presta, que é desprovido de caráter, que a ele não importa quem fará sofrer, contanto que realize tudo o que quer? Vamos ver no que tudo isso vai dar!

Jonas, ainda sentado no mesmo lugar, pensava em como poderia dizer tudo aquilo a Sílvia. Sabia quanto iria sofrer. Que mãe não sofreria sabendo que sua única filha está envolvida com pessoas sem a menor moral cristã?

— Como Sueli foi se envolver nessa leviandade? – perguntava-se.

Só se deu conta de que o tempo passara quando Sílvia entrou na sala e perguntou.

— Bernardo já foi embora?

Jonas voltou à realidade e respondeu:

— Sim. Faz algum tempo.

— E por que está aí sentado, pensando? Por que não foi falar comigo?

— Porque estou pensando em um jeito de magoá-la o mínimo possível.

Assustada, Sílvia respondeu:

— Pelo amor de Deus, Jonas, o que está acontecendo com Sueli?

— Sente-se aqui, querida. Vou lhe contar, mas, por favor, fique calma, escute com atenção e lembre-se de que para tudo existe uma solução, e nós vamos buscá-la para esse caso.

— Por favor, Jonas, está me deixando cada vez mais angustiada.

— O caso é esse Sílvia: Sueli se envolveu novamente com aquele crápula do Gilberto.

— Não! Você só pode estar brincando, não é?

— Não, Sílvia, é verdade. E o pior é que ele a levou a participar de um grupo cuja principal atração é o sexo.

Sílvia entregou-se ao pranto.

— Calma, meu bem, vamos pensar e tirar Sueli de perto desse Gilberto, nem que para isso eu tenha que levá-la para outro lugar.

— Explique-me mais sobre isso. Você quer dizer que nossa única filha é uma garota de programa, é isso?

— Não, Sílvia, não é isso. Aliás, nem sei se é ou não. O que sei é que aquela amiga dela que esteve aqui, a Sheila, também faz parte desse grupo.

— Mas o que eles fazem?

— Se divertem, se entregam ao prazer de uma maneira livre, cada um usando o outro como deseja fazê-lo, sem que com isso exista compromisso.

— Você só pode estar brincando! – repetiu Sílvia.

— Infelizmente, não, querida, embora gostaria que tudo isso não passasse de um mal-entendido.

— E o que vamos fazer?

— Combinei com Bernardo que vamos atrás de Sueli. Quero surpreendê-la para que não tenha como negar.

— Você acha mesmo isso?

— Sim, e é o que vou fazer: acabar de uma vez por todas com essa agonia.

Levantou-se deixando a esposa aos prantos. Procurou Jandira e pediu-lhe que fosse ficar com Sílvia, o que ela fez de imediato. Jandira era uma pessoa simples, que havia dedicado toda a sua vida com profunda amizade aos patrões. Ela encontrou Sílvia em estado lastimável.

— D. Sílvia, o que aconteceu de tão grave para deixá-la assim?

— Sente-se aqui, minha amiga, a tristeza é tão grande que sinto não poder aguentar.

— Meu Deus, diga-me, o que aconteceu?

Rapidamente, sem economizar palavras, Sílvia colocou Jandira a par de tudo o que ocorrera. Completamente atordoada, Jandira disse:

— A senhora tem certeza de que é isso mesmo?

— Infelizmente, sim, Jandira. Jonas quer ir até o local com Bernardo para surpreendê-la e acabar com isso de uma vez.

— Até lá, D. Sílvia, tente se acalmar, se for possível. Sei que é difícil, mas a senhora precisa estar preparada para ampará-la, ajudá-la a se livrar desse rapaz que nada de bom pode oferecer para ela. Vou lhe preparar um chá! – concluiu. E saiu rapidamente, impedindo assim que Sílvia visse seus olhos marejados de lágrimas.

"Senhor, olhe por essa irmã. Que consigam interferir nesse comportamento de Sueli com equilíbrio, que possam trazê-la de volta ao aconchego do seu lar, junto de seus pais. Livre-a desse desejo funesto que sempre a norteou para o desequilíbrio e a leviandade."

Bernardo, por sua vez, assim como Sílvia e Jonas, sentia um grande desconforto diante do que estaria por vir. Mal podia acreditar que sua grande amiga, aquela por quem se apaixonara, deixara-se levar pelas palavras vazias de Gilberto, por suas atitudes levianas, seu desrespeito pelas pessoas. Sueli tivera prova da irresponsabilidade de Gilberto, mas mesmo assim embarcara em uma estrada de sofrimento.

— Vou ajudar o Dr. Jonas, é o mínimo que posso fazer por um pai sofrido – concluiu.

Esperou o telefonema de Jonas, o que aconteceu dois dias após a conversa que tiveram.

— Bernardo, ouvi Sueli marcar com sua "amiga" hoje às quatro horas da tarde. Podemos nos encontrar?

— Claro, Dr. Jonas, onde o senhor prefere?

— Na praça, acho o melhor lugar.

— Combinado, estarei lá. Desculpe-me perguntar, mas como está a D. Sílvia?

— Olhe, Bernardo, não encontro palavras para descrever o estado da minha mulher. Completamente abatida, chora o dia inteiro, culpa-se pelo que está acontecendo. Não tiro a razão dela, mas sinto-me incapaz de confortá-la, porque também estou arrasado.

— Não sei o que dizer, Dr. Jonas, mas afirmo que podem contar comigo para o que precisarem. Sei pouco dessas coisas, mas meu sentimento por sua filha me torna forte para tentar, de alguma maneira, ajudá-la a voltar à razão.

— Sei disso, Bernardo, e agradeço. Venceremos essa batalha, se Deus assim o permitir.

— Com certeza, não se pode perder a fé e a esperança de que tudo isso vai passar. Até mais tarde, então.

— Até mais tarde – repetiu Jonas.

Sueli, após conversar com Gilberto, desligou o telefone e foi até sua mãe.

— Mãe, hoje vou precisar sair com Sheila. Vamos ter uma aula extra e não quero faltar. Tudo bem para a senhora?

Sílvia sentiu uma súbita tontura por perceber a mentira que a filha dissera. Recompondo-se, respondeu:

— Diga-me, Sueli, esse curso que você está fazendo e que reluta tanto em nos dizer onde é não tem data para terminar?

Assustada, Sueli respondeu:

— Por que pergunta isso?

— Porque é de estranhar um curso cujas aulas não possuem dias nem horários certos. Telefonam para os alunos e as aulas acontecem em dias variados. Enfim, seu pai e eu estamos estranhando.

— Não há nada de estranho, mãe, é que eles ministram aulas extras para os alunos, é natural isso acontecer.

— Mas sempre?

— Não é sempre, mãe, algumas vezes. A senhora está exagerando.

— Tudo bem, filha, acabo de ter uma ideia.

— Qual? Posso saber?

— Claro! Vou com você até o curso, quero tirar minhas dúvidas.

Sueli estremeceu e respondeu:

— Está certo, mãe, vamos juntas então. Saímos daqui às quinze horas, está bem para a senhora?

— Está ótimo.

Afastaram-se com os próprios pensamentos.

"O que ela está tramando para concordar comigo? Quero ver onde isso vai dar", pensou Sílvia.

"Preciso dar um jeito de sair sem que minha mãe perceba, é a única maneira de me livrar dela", pensava Sueli. "Se eu não for, Gilberto fica muito bravo, mesmo porque, no fundo, eu também gosto. Falo, questiono, mas sinto, assim como ele, um desejo avassalador. Gostaria apenas que ele formalizasse nosso relacionamento para que me sentisse mais segura."

Sílvia estava ansiosa. Não entendera a reação da filha: "Como ela vai fazer para dar continuidade a essa mentira?". Aprontou-se e ficou à espera do horário combinado.

Mais tarde, olhando para o relógio, ela se deu conta de que o momento aguardado finalmente chegara. Chamou Sueli, mas não ouviu nenhuma resposta. Foi até seu quarto e encontrou-o vazio. Desceu rapidamente, sentindo em seu peito uma revolta. Foi até a cozinha falar com Jandira.

— Você sabe onde está Sueli? – perguntou quase aos gritos.

— Sei, sim, D. Sílvia. Ela saiu há mais ou menos trinta minutos. Aconteceu alguma coisa?

— Aconteceu, sim, Jandira. Aconteceu que mais uma vez Sueli mentiu, enganou, como vem fazendo nesses últimos tempos. Não sei onde isso tudo vai parar.

— É melhor se acalmar, D. Sílvia. Pode ser que ela tenha uma explicação para ter agido assim.

— A única explicação, Jandira, é a falta de respeito que se instalou no coração de Sueli. Julga-se dona de si mesma, está metida em atitudes levianas, mas parece que gosta de viver assim, pois não aceita nada que possa contrariar sua vontade. – Parou um pouco e voltou a falar: – Mas hoje tudo vai se esclarecer.

— Como assim, D. Sílvia, o que está querendo dizer?

— Estou dizendo que Jonas e Bernardo irão surpreendê-la e tudo virá à tona. Acho que hoje será o dia da verdade, Jandira, porque não aguento mais essa situação preocupante criada por Sueli.

Após pensar um pouco, Jandira falou:

— Desculpe-me o que vou dizer, D. Sílvia, mas desde pequena Sueli se nega a acreditar em um Ser superior, Deus, e essa descrença a faz valorizar somente o lado material da nossa vida, como se nada mais fôssemos além de um corpo físico que dura um clarão diante da eternidade.

— O que está dizendo, Jandira?

— Estou dizendo que faltou a ela o alicerce da fé.

— Mas sempre mostrei a ela a importância de trazer para nossa vida o amor que emana do nosso Criador, conhecer e viver Suas leis. Sempre disse a ela que estamos no plano físico, mas não pertencemos a ele, estamos aqui de passagem para aprender a amar e poder um dia alcançar o céu. Você me conhece muito bem, Jandira, e sabe quanto tudo isso é importante para mim.

— Eu sei, D. Sílvia, não a culpo por nada. O que faltou a Sueli foi por vontade dela mesma, que não aceitou suas palavras nem seus exemplos de vida digna cristã. Sempre procurou o mais fácil, o que lhe trazia maior alegria, o que a satisfazia. O prazer fútil, D. Sílvia, tem vida curta, mas deixa sequelas que machucam o coração dos desavisados.

Sílvia, quando conversava com Jandira, se impressionava cada vez mais com a sabedoria daquela que lhe servia há anos com toda dedicação.

— Você é muito sábia, Jandira! – exclamou.

— Não, D. Sílvia, sou apenas alguém que é agradecida por todas as bênçãos que recebo de Deus. Sou alguém que compreende as palavras de Cristo e tenta empregá-las no dia a dia, na esperança de me tornar uma pessoa melhor.

Sílvia sorriu.

— Você não tem mais como melhorar, minha querida amiga.

Levantou-se e abraçou com carinho aquela que sabia sempre como acalmar seu coração.

— Não se desgaste tanto, D. Sílvia. Para tudo existe solução. A senhora e o Dr. Jonas juntos irão encontrar o melhor caminho para lidar com Sueli. Aconselhe-se com Jesus que o auxílio virá.

— Com você falando, Jandira, tudo parece mais simples, fácil de solucionar. Entretanto, aos meus olhos, é como se eu estivesse entrando em um vendaval.

— D. Sílvia, não raro, deparamos com situações que, muitas vezes, sentimos dificuldades de resolver. Isso geralmente acontece porque nos intimidamos diante da dor que nos parece absurda, mas, se trouxermos Jesus para vivenciar conosco esse momento de aflição, tudo irá clarear em nossa mente, porque estaremos guardados pelo amor infinito.

Sílvia, a cada palavra de Jandira, mais se impressionava. "Quanta sabedoria", pensava. "Jandira é mesmo uma pessoa especial."

Jandira, inspirada por Hortência, continuava:

— A dor, D. Sílvia, sempre é consequência, e nunca origem. E, se aqui estamos, é para que possamos aprender a amar as pessoas com sentimento sincero. Deus deu a seus filhos potencial para entender, de verdade, as aflições que os atingem constantemente. Nós é que nos esquecemos disso, porque é mais fácil afundarmos na nossa tristeza do que lutar para vencê-la.

Mais uma vez, Sílvia levantou-se e abraçou Jandira, dizendo:

— Obrigada, minha amiga. Entendi suas palavras, vou lutar bravamente para não deixar que essa tristeza que sinto me jogue no fundo do poço.

— Faça isso, D. Sílvia. Lute com Jesus no coração, assim a senhora vencerá.

Sílvia afastou-se. Foi até a varanda de sua casa, sentou-se e distraidamente pegou um livro, que Jonas havia deixado no cesto sem que ao menos tivesse aberto. Folheou-o e deteve-se em uma página que dizia:

O mundo terreno é a grande escola onde aprendemos as lições mais importantes, aquelas que nos ajudarão a subir os degraus da escada que nos leva até a eternidade. É preciso saber lidar com as aflições que nos machucam constantemente, encontrar, apesar da dor, o caminho seguro, eliminar com consciência e fé cada pedacinho do vendaval que nos atingiu, resolver cada passo, contornar os obstáculos para achar o caminho, que poderá ser estreito, mas que nos leva à solução dos fatos que nos atingem.

Viver sempre vale a pena.

Mas e quando a tristeza e o desânimo insistem em nos atacar? De repente sentimos que aquela esperança teima em nos abandonar, abrigando o desconforto, a irritabilidade e tantos outros sentimentos que nos levam a confusões e embaraços emocionais e espirituais.

O que fazer?

Sentar e esconder sua amargura ou buscar o refúgio e a solução na fonte inesgotável de amor que é Deus?

É nesse instante que se deve levantar e, com fé, confiando na justiça do nosso Pai Maior, beber a água cristalina e abundante desta imensa e infinita cascata.

Sílvia ficou profundamente tocada com o que acabara de ler. Fechou seus olhos e simplesmente disse:

— Senhor, estou aqui!

Olhou no relógio e constatou que àquela hora Jonas e Bernardo deveriam estar no local onde pretendiam se encontrar com Sueli.

15

O flagrante

Jonas parou em frente à porta do apartamento onde supostamente encontrariam Sueli. Bernardo, percebendo a insegurança de Jonas, tentou ajudá-lo.

— Sr. Jonas, prefere desistir? Poderemos voltar outro dia, quando o senhor achar melhor.

Tentando se controlar, Jonas respondeu:

— Não, Bernardo, já que estamos aqui vamos entrar e acabar com isso de uma vez. De que adianta protelar o que deve ser feito? Nada vai mudar a não ser minha ansiedade, que aumenta a cada minuto.

Decidido, Bernardo tocou a campainha. Foi Gilberto quem atendeu.

— Bernardo! – exclamou. – O que o traz aqui? Imagino que veio aderir aos nossos finais de tarde, acertei? – Sem esperar pela resposta, continuou: – Vejo que trouxe outro companheiro, fico contente.

Jonas, impaciente e altamente nervoso, disse quase aos gritos:

— Não sou outro companheiro, seu cafajeste. Vim aqui resgatar minha filha, tirá-la das mãos de um ser tão canalha quanto você.

Surpreso, Gilberto respondeu:

— Sua filha? E posso saber quem é a sua filha? Que eu saiba, aqui não tem ninguém que não queira estar. Todos vêm aqui com o mesmo propósito: curtir a vida, encontrar com amigos, se divertir, enfim, pode me dizer quem é a sua filha?

Sem responder, Jonas passou por Gilberto e foi direto para uma pequena sala de onde saíam risadas misturadas a uma forte fumaça de cigarro. Jonas parou. O que viu deixou-o estarrecido. Sueli, em meio àqueles jovens levianos e inconsequentes, fumava e se exibia sem nenhum constrangimento, até que se virou e deparou com a figura do pai parado no meio da sala, demonstrando no rosto a dor da decepção e da angústia.

— Pai! – exclamou em um fio de voz. – O que o senhor está fazendo aqui?

Sem conseguir responder, Jonas segurou-a pelas mãos e puxou-a para perto de si.

— Você tem um minuto para se trocar, vamos sair daqui.

Gilberto, completamente surpreso e amedrontado, tentou intervir.

— Desculpe-me, senhor, mas ela vai se quiser ir, ninguém aqui faz nada obrigado. Se ela está aqui é porque gosta e quer estar.

Sueli se entregou ao pranto, envergonhada diante de seu pai e de Bernardo. Pela insistência de Gilberto em defender Sueli, Jonas o mandou calar a boca.

— Cale essa sua boca imunda, rapaz. Você não está falando com um jovem irresponsável, e eu sugiro que não a procure mais, porque não vou permitir nenhuma aproximação entre vocês.

— Você não diz nada, Sueli? Aceita tudo isso de cabeça baixa? Pois bem, vai com seu pai, nossa história termina aqui. Não a quero mais, que isso fique bem claro.

Bernardo apenas ouvia. Não pronunciara nenhuma palavra, mas agasalhava em seu coração a tristeza de ver seu sonho desmoronar como um castelo feito na areia. Pensava: "A mulher que eu amo agindo de forma tão volúvel, tão leviana... o que faço agora com esse amor que sinto? Se estou sofrendo, imagino o Dr. Jonas, que é o pai dela".

Sueli aproximou-se de Bernardo e disse:

— Foi você, sei que foi você quem trouxe meu pai aqui. A partir de agora você será o único responsável pelo que acontecer comigo. Não quero mais ouvir a sua voz, seu traíra!

— Não fui eu quem armou tudo isso. Foi você mesma, Sueli, que sempre agiu sem responsabilidade, que nunca respeitou seus pais, que se escondeu atrás de um desejo tão sórdido que a transformou dessa maneira.

Jonas, que estava cada vez mais nervoso, aproximou-se e disse:

— Vamos embora.

— Espere, pai, preciso pegar umas coisas minhas.

— Não vai pegar nada, Sueli, vai deixar tudo para trás e, de agora em diante, sua mãe e eu seremos bem mais severos com você.

E saiu, acompanhado de Sueli e Bernardo. Percorreu o caminho até a casa em silêncio. Não conseguia pronunciar uma palavra sequer, tamanha a dor que lhe ia à alma. Assim que chegou, Bernardo, com discrição, despediu-se de Jonas.

— Vou indo, Dr. Jonas. Se precisar de mim é só me chamar.

— Não quer entrar, Bernardo?

— É melhor não. Vocês vão ter muito o que conversar. Se me permite, só gostaria de dizer, Dr. Jonas, que às vezes precisamos ver além da matéria para podermos entender a vida, nos libertar das argolas que nos prendem ao egoísmo e ao orgulho ferido para conseguir analisar com justiça o nosso próximo.

Jonas se emocionou com a simplicidade de Bernardo. Sabia quanto ele gostava de Sueli.

— Obrigado, Bernardo. Você sempre pronto a nos ajudar, que Deus o ajude também.

Despediram-se. Assim que Sílvia os viu compreendeu de imediato que algo muito grave acontecera, mas não podia imaginar o quanto iria sofrer.

— Então, filha, por que não me esperou para eu ir com você?

— Logo você vai saber por que, Sílvia.

— Como assim?

— Sente-se aqui – pediu-lhe Jonas, tentando dar à própria voz a entonação de calma que estava longe de sentir.

Em silêncio, Sílvia se acomodou esperando o que nem de longe imaginava ouvir.

— Fale, Jonas, por favor, estou ansiosa e inquieta.

Jonas, olhando para a filha que até então permanecia cabisbaixa, disse:

— Sente-se, Sueli.

Após descrever à esposa tudo o que presenciara, onde ela estava e o que fazia, sem esconder nenhum detalhe, disse, tomado pela ira:

— E aquele verme ainda tentou me convencer de que tudo ali era natural, de que Sueli estava ali porque gostava, ou melhor, precisava. Nessa hora, Sílvia, precisei me controlar o máximo para não dar um murro naquele inconsequente.

Sílvia, a cada palavra do marido, sentia seu peito se contrair de tal maneira que, não suportando tamanha decepção, desfaleceu, no que foi prontamente socorrida por Jonas. Pálido e trêmulo, ele segurou Sílvia em seus braços e gritou chamando por Jandira.

— Por favor, Jandira, ajude-me! Sílvia desmaiou.

Com a mesma preocupação de Jonas, Jandira perguntou:

— Mas o que houve, Dr. Jonas, para que D. Sílvia desmaiasse?

— Não suportou saber a verdade sobre Sueli.

— Meu Deus, mas que verdade?

Jonas olhou fixamente para a filha, que até então permanecera calada, sem ousar dizer nenhuma palavra, e disse:

— Conte a ela, Sueli, conte o que nossa filha querida, criada com o maior cuidado, anda fazendo.

Sentindo vergonha, Sueli, sem responder, correu para o quarto, jogou-se na cama e entregou-se ao pranto desesperado.

— Desculpe-me insistir, Dr. Jonas, mas o que aconteceu de tão grave para deixá-los assim, transtornados?

Ao ver que Sílvia voltava à consciência, Jonas respondeu:

— Espere um pouco, Jandira, deixe-me terminar de acudir Sílvia e já conversamos.

— Claro! – respondeu Jandira.

Alguns minutos se passaram. Vendo sua esposa recuperada, apesar de pálida e completamente transtornada, Jonas acomodou-a gentilmente em um sofá da sala onde estavam.

— Descanse, querida, isso vai passar.

— Sinto-me morrer de tristeza, Jonas. Nossa filha, nossa menina, traiu nossa confiança, enveredou pelo caminho do sofrimento, da falta de dignidade, rebaixou-se à condição de apenas objeto.

Ao ouvir Sílvia dizer a palavra objeto, Jandira disse:

— Não precisa explicar mais nada, Dr. Jonas, eu já entendi. Aliás, era o que eu pressentia. – Aproximou-se de Sílvia e disse: – Minha amiga, só posso dizer que isso também vai passar, porque tudo passa, nada dura para sempre, e isso vai passar. Somente Deus não passa, e Ele é suficiente para nos sustentar nas horas de aflição.

— Sinto que estou morrendo, Jandira – falou Sílvia com um fio de voz.

— Mas a senhora não vai morrer, D. Sílvia, não por causa disso. Ao contrário, vai se fortalecer para salvar sua menina. É o que fazem os fortes e os que acreditam que a mão de Deus irá segurá-los, se assim permitirem.

— Onde está Sueli?

— Subiu para o quarto – respondeu Jonas.

— No mínimo deve estar envergonhada!

— Calma, querida, vamos deixar essa poeira abaixar pelo menos um pouco. Precisamos pensar para não empurrar Sueli de volta para aquele marginal. É justa a decepção que estamos sentindo, mas, como tão bem disse Jandira, você vai se acalmar.

— Precisamos conversar com ela, Jonas.

— Claro que sim, e vamos fazer isso, mas amanhã.

— Por quê?

— Não é prudente fazermos isso agora, estamos muito abalados, magoados, podemos errar na dose e, se isso acontecer, será desastroso.

— Desculpe-me, D. Sílvia, o Dr. Jonas tem razão. Quando estamos muito nervosos, podemos cometer erros. O melhor mesmo é se acalmar primeiro. Se a senhora me permite, vou até o quarto de Sueli ver se precisa de alguma coisa.

— Faça isso, minha amiga.

Jandira saiu levando no coração a dor de ver seus patrões e amigos naquela situação complicada. Bateu levemente na porta do quarto. Somente na terceira vez, Sueli atendeu.

— O que foi, Jandira, veio me chamar para a crucificação?

— Não, Sueli, vim atender ao pedido de sua mãe – mentiu – e ver se está bem e se quer que traga alguma coisa para comer.

Sueli, sem graça, segurou as mãos de Jandira.

— Desculpe-me, mas pensei que era chegada a hora de enfrentar as feras.

— Não fale assim de seus pais, porque eles não merecem. Estão sofrendo muito, mas respeitando seu silêncio, o seu tempo, para exigirem de você uma explicação.

— Não tenho explicação, Jandira. A única que poderia dar eles não irão entender, e muito menos aceitar.

— O que faz você pensar assim?

— Porque eu mesma custo a aceitar, sofro por ser assim.

Jandira espantou-se.

— Assim como?

— Assim, movida a desejo, um desejo louco que me domina, que me tira a razão e que não posso, ou não consigo, controlar.

Jandira, não querendo adiantar, passar na frente dos pais, respondeu:

— Está bem, deixe suas explicações para amanhã, para seus pais, quando eles estiverem mais calmos, mais controlados.

— Tem razão.

— Vou trazer-lhe um suco com torradas, está bem?

— Está ótimo. Obrigada.

E assim o dia passou, dando lugar à madrugada. Sílvia e Jonas rolavam na cama sem conseguir dormir. Na mente de Jonas passava o filme cuja protagonista era Sueli, e, a cada pensamento, ele revia a cena onde a filha se exibia sem nenhum pudor. Sílvia, mesmo sem ter visto, podia imaginar, e sofria uma dor profunda.

Sueli mais uma vez, durante o sono, encontra-se com Hortência, que, com sua energia salutar, tenta novamente fazer com que Sueli acorde desse delírio que a levaria cada vez mais ao sofrimento e à decadência.

— Você outra vez? – perguntou o espírito de Sueli para Hortência. – Por que não me deixa ser quem sou na verdade?

— Porque não está vivendo o que foi programado para esta sua encarnação, Sueli. Está, com sua leviandade, mudando a rota do seu caminho. Tudo lhe foi explicado, orientado, para que não sucumbisse mais uma vez pelo mesmo motivo, mas o que vemos é sua total aquiescência, Sueli. Novamente se deixa levar pelo desejo sem limites, volta a pensar apenas no que a matéria pode lhe oferecer, sem se dar conta do prejuízo espiritual que acarretará para si mesma.

— Não gosto das coisas que me fala – responde Sueli. – Tenho livre-arbítrio, não tenho?

— Sim – responde Hortência –, tem o direito de fazer suas escolhas, mas não poderá fugir das consequências, porque elas virão.

— Mas eu sou assim e gosto de ser assim!

— Sueli, a cada encarnação, nosso espírito precisa evoluir. Como isso poderá acontecer se não mudarmos nossos conceitos, se não aprendermos a amar o próximo, se não nos dedicarmos ao trabalho de reforma íntima, enfim, se não nos aproximarmos do Criador e obedecermos às suas leis, trazendo-O para perto de nós?

— Eu não acredito nesse Criador. Você fala Dele, mas nunca O vi, nunca O senti, e nunca ninguém me mostrou uma prova concreta de Sua existência. Isso que fala não passa de ilusão, coisas de pessoas ignorantes e crédulas.

Pacientemente, Hortência continuou:

— Sueli, olhe para mim, olhe para você. Nota alguma diferença em nós, em nosso corpo?

— Não. Tudo me parece igual.

— Olhe para sua cama – disse Hortência. – O que vê?

Sueli, ao olhar para sua cama, deparou consigo mesma deitada, dormindo. Assustada, perguntou:

— Que mágica é essa?

— Não é mágica, Sueli, você está vendo seu corpo físico descansando. Enquanto ele descansa, seu corpo astral, ou seja, seu espírito parcialmente liberto pode sair, pode me ver e perceber o mundo paralelo da espiritualidade. É assim que podemos nos comunicar, e isso é possível, Sueli, porque aí está a vontade, a bondade e o amor de Deus, ou seja, a oportunidade dos encarnados receberem orientações dos amigos espirituais que querem o seu bem. Quando se vive alheio à essência, afastado da verdade e preso na ilusão dos prazeres efêmeros, para conhecer a vida, Sueli, é preciso ver além da matéria densa.

— Mas de que adianta se você já disse outras vezes que não vou lembrar-me de nada, e é isso mesmo o que acontece. Não me lembro de nada, então de que vale tudo isso?

— Vale o que fica latente em sua mente, em seu espírito. No momento adequado, tudo isso surgirá na sua consciência e, com certeza, a protegerá de si mesma.

— Eu não compreendo isso!

— Então não censure o que ainda não conseguiu compreender, e, principalmente, não se feche para o conhecimento da sua própria essência.

— Mas onde vou encontrar esse Deus?

— No lugar onde os homens menos procuram. No seu coração, Sueli, Ele vai estar onde você O colocar.

Dizendo isso, Hortência pediu que Sueli retornasse ao seu corpo físico. Assim que a viu ressonar, beneficiou-a com energia salutar e afastou-se.

Após o cansaço emocional que tiveram, todos adormeceram. Os primeiros raios de sol entrando pela janela dos quartos clareavam os aposentos, chamando-os para viveram um novo dia. Mais uma oportunidade para tentarem equilibrar suas emoções e resolverem o caminho que deveriam tomar a partir daquele dia.

Nossos sentidos transcendem, estão além do que imaginamos, mas estamos tão acostumados a usá-los com limitações que não conseguimos empregá-los em toda a sua potencialidade.

A espiritualidade está muito mais presente do que poderíamos supor. Ela auxilia no possível e no permitido, portanto, devemos aprender a olhar com olhos de amor para os enganos do próximo, ouvir com o coração para dizer palavras de consolo, esclarecimento e incentivo a quem se encontra perdido, sem conseguir encontrar o caminho. Os julgamentos estão inseridos na justiça de Deus, e não cabe a nós sermos juízes.

16

A hora da verdade

Sueli, antes de entrar na cozinha para tomar seu café, parou na porta e, prestando atenção, conseguiu ouvir o que seus pais conversavam.

"Estão falando de mim", pensou.

— E é isso, Jonas. Quase não dormi esta noite por conta de não conseguir relaxar. Meus pensamentos me levavam até Sueli o tempo todo, estou sentindo-me inconformada com esta situação, traída pela minha única filha, sentindo em meu peito a dor de pensar que falhei em sua educação. Tentei fazer dela uma pessoa melhor, temente a Deus, esperava que construísse uma vida em família digna, cristã, entretanto, não é isso o que está acontecendo. Sueli está jogando fora a oportunidade de ser feliz de verdade por uma felicidade efêmera, sem raízes.

Jandira, ouvindo as palavras de sua patroa e amiga, pensou: "Que Jesus a conforte!".

— Sílvia – disse-lhe Jonas –, compreendo você porque trago em meu coração as mesmas sensações, o mesmo sentimento de decepção e tristeza, mas o que podemos fazer agora, diante dessa atitude leviana e inconsequente de Sueli, senão tentar explicar-lhe que esse caminho só vai trazer dor e sofrimento?

— Mas será que ela vai nos ouvir?

— Realmente não sei responder, mas espero que sim, para o bem dela. Se nada conseguirmos, tomaremos uma atitude mais severa, porque não vou permitir que minha filha viva à mercê de desejos impuros, refém de um namorado sem caráter, que quer viver e sentir sensações fúteis, aprisionando namoradas com falsas palavras e falsos carinhos.

— Sílvia, lembra quando aquela amiga veio interceder por Sueli? Pois bem, era tudo planejado para que Sueli pudesse sair de casa sem levantar suspeitas. Ela faz parte do mesmo esquema.

— Claro que me lembro, a Sheila. Na ocasião eu a achei educada, pareceu-me de boa família, enfim, confiei nela, e olha no que deu.

Jandira pensava em silêncio.

"A atitude dessa moça apenas veio ao encontro do que Sueli queria, ou seja, mentir, enganar, iludir-se com uma falsa felicidade. Ela aceitou o que Sheila e Gilberto ofereciam, não teve forças para repudiar porque queria sentir as sensações prometidas."

— Você está tão quieta, Jandira – disse Sílvia.

— Estou apenas ouvindo, D. Sílvia. Os senhores saberão o que fazer. Confie em Jesus e em Seus tarefeiros, que vêm à Terra para nos ajudar e orientar.

Encostada na porta, sem ser vista, Sueli pensou: "E agora? Não sei o que dizer, como me explicar. Tudo por culpa de Bernardo, mas ele me paga!".

— Entre, Sueli, estávamos esperando por você – disse Jonas.

Timidamente, Sueli obedeceu.

— Bom dia – disse.

— Bom dia, minha filha – responderam juntos Sílvia e Jonas.

— Bom dia, Jandira.

— Bom dia, menina. Vou esquentar o leite para você.

— Obrigada.

— Assim que terminar seu café, vá até a sala que precisamos conversar – disse-lhe Jonas.

— Está certo, pai, irei.

Logo que os pais saíram, Sueli disse a Jandira:

— Não sei o que fazer nem o que falar, Jandira, estou envergonhada.

— Se está envergonhada, é um bom sinal, Sueli. Quanto ao que dizer, diga somente a verdade, sem tentar enfeitá-la com mentiras, porque elas não a levarão a lugar algum. Apenas respeite seus pais, o sofrimento pelo qual estão passando, apenas isso.

Sueli abaixou a cabeça e tomou seu café. Levantou-se e disse a Jandira:

— Pronto, chegou a hora de enfrentar as feras.

Jandira de pronto respondeu:

— Engano seu, Sueli. Você não irá enfrentar as feras, mas sim seus pais, que a amam e querem o seu bem. Deus coloca pessoas ao nosso redor para nos ajudar a enxergar as coisas na sua realidade. Faça de seus pais sua bússola, seu porto seguro, porque são as pessoas que mais a amam.

Sueli abraçou Jandira, dizendo:

— Você é mesmo uma pessoa especial, como minha mãe sempre diz.

Foi até a sala. Encontrou seus pais em silêncio. Cada um fazia suas considerações sobre o caso, tentava de alguma maneira não se exaltar, não criticar nem julgar, mas no íntimo eles tinham medo de que não fosse assim.

— Entre, filha, e sente-se aqui perto – falou Jonas.

Sueli de pronto acatou a sugestão de Jonas.

— Não se pode jogar a poeira da casa para debaixo do tapete, minha filha – iniciou Jonas –, portanto, vamos deixar tudo limpo, claro e explicado.

— Concordo, pai, quero mesmo ouvi-los.

— Então, vamos abrir o diálogo ouvindo o que você tem a nos dizer em relação às suas atitudes tão inconsequentes e desastrosas a ponto de desestruturar uma família.

— Eu não sei o que dizer, pai.

— Diga o que sente sobre tudo isso, sobre seu comportamento leviano. A razão pela qual se uniu a Gilberto, que todos nós sabemos que não vale nada, tamanha é sua falta de caráter.

— Então, pai, eu não sei como explicar o que sinto quando estou perto dele. É um desejo, uma sensação estranha de felicidade, apesar de saber que ele não sente o mesmo por mim. Não tenho forças para me separar dele e acabo fazendo tudo o que ele quer. Isso não é amor, pai?

— Parece-me mais paixão, Sueli, arrasadora. Não precisamos exterminar as paixões, mas podemos fazê-las evoluírem até que cheguem no estado do amor, com a dignidade que o amor possui quando sincero e livre para ser projetado para fora, ao encalço do nosso alvo.

Sílvia, até então em silêncio, disse:

— Minha filha, as nossas atitudes frente à vida só se tornam válidas quando são alavancas para o nosso crescimento pessoal. Caso contrário, irão nos projetar para o sofrimento que, através das marcas de dor que deixamos por onde passamos, irá tirar todas as possibilidades de construirmos, com dignidade, uma família, um grupo de amigos ou uma comunidade.

— Sua mãe tem razão, filha. O amor nos traz a paz interna, a certeza de caminharmos em nuvens iluminadas, porque quem o sente não mente, não engana, não cria armações, já que o próprio sentimento o impede. Ao contrário, as paixões avassaladoras nos colocam em armadilhas, deixando-nos presos a elas, até que um dia nos empurram para o lamaçal da dor.

Sílvia e Jonas não percebiam as inspirações de Hortência. Falavam com naturalidade e, principalmente, com cuidado para não deixar que Sueli, perdida em seus próprios desejos, se enrolasse mais e mais na leviandade dos desejos físicos.

— Então por que não me direcionam? Mostrem-me o caminho da volta. Eu quero, pai, mas não consigo sair sozinha disso tudo. Sei que decepciono vocês, mas antes decepciono a mim mesma, por me considerar tão fraca e submissa à vontade de Gilberto.

— Comece afastando-se dele, Sueli, falando sempre a verdade para seus pais, porque nós podemos ajudá-la. Estaremos sempre presentes, estendendo a mão para você, segurando-a para não se precipitar no abismo.

— Eu sei disso, mas me envergonho de mim mesma.

— Deveria se envergonhar de não tentar, pois, a partir do instante em que reconhecer seu engano e passar a querer se melhorar, iniciará sua vitória.

Encorajada, Sílvia falou:

— Filha, pense que muitas vezes não conseguimos andar sozinhos e precisamos de algo ou alguém para nos equilibrar. Nessas horas, como em tantas outras, devemos buscar auxílio no amor maior, no amor que paira no ar envolvendo toda a humanidade, mas que nem sempre percebemos e, por conta disso, o sofrimento se instala em cada canto do planeta.

— Que amor é esse, mãe, que eu não conheço?

— O amor do Ser que nos criou, Sueli. Estou falando de Deus, que jamais deixa abandonado aquele que O aceita e O traz para seu coração.

Sueli pensou: "Outra vez a mesma história sobre Deus. Não consigo acreditar nem mesmo aceitar essa possibilidade de Ele existir. Acho tudo uma utopia. A vida é agora, aqui, neste instante, mas é melhor deixá-la falar".

— O que sua mãe fala tem sentido, filha. É importante agasalharmos a fé em nosso coração, crer e viver de acordo com essa fé, porque quem assim age conquista a felicidade e consegue entender a razão dos sofrimentos na Terra.

— Do que vocês estão falando?

— Do que deveríamos ter falado mais firmemente com você esses anos todos, Sueli, de Deus.

— De Deus? – perguntou Sueli, completamente surpresa.

— Sim – afirmou Sílvia –, de Deus. Quando falamos de Deus, Sueli, falamos de amor, de caridade, de amor ao próximo, não desse sentimento vulgar, mas do amor que emana da Divindade, que nos eleva à condição de verdadeiras criaturas de Deus.

Novamente Sueli pensou: "Eu pensando que fosse levar a maior bronca e eles, ao contrário, falam de Deus. Melhor assim. Se eles acham que Deus pode mudar meus sentimentos, a mim não me incomoda. Isso pode tornar minha vida bem mais fácil, mas é bem verdade que por essa eu não esperava".

— Em que está pensando, minha filha? – perguntou Jonas.

— Pensava em tudo isso que estão falando.

— E o que acha?

— Quero ser sincera, pai, acho essa questão de fé uma utopia.

— Como assim utopia, Sueli? – perguntou Sílvia. – Por que pensa isso?

— Desculpe-me, mãe, mas não consigo crer que exista um ser tão bom e justo como sempre falaram, que vive nas nuvens e que ninguém vê. Para minha cabeça, isso é demais.

— Mas Ele não vive nas nuvens, Sueli. Vive em Seu reino de glória, para onde irão aqueles que O amam, que O seguem e que vivem a dignidade cristã, aqueles que são receptivos aos Seus ensinamentos e Suas leis.

— Mas o que ganham com isso os que O amam?

— Ganham a felicidade, filha. Não a fútil, mas a que perdura pela eternidade.

Cansada, Sueli tentou mudar de assunto:

— Bem, gostaria agora que falassem de coisas reais, práticas. O que vai acontecer comigo a partir de agora?

— Você é quem irá decidir, Sueli.

— Como assim?

— Não nos adianta tentar puni-la. Sabemos que você vai fazer somente o que quiser fazer, e é isso o que nos assusta. Mas gostaríamos que se afastasse de Gilberto, procurasse ajuda e orientação de um profissional que possa levá-la a entender e trabalhar essa sensação que diz sentir. Tudo isso, filha, antes de tombar sua cabeça na desgraça.

— Está certo, vou procurar me conter. Vou pensar em tudo o que me disseram, embora imaginasse que seriam mais severos. Vou pensar.

— Faça isso, filha, sem se esquecer de seus pais, que estão sofrendo uma dor muito profunda, mas que confiam que, de alguma maneira, você será conduzida. Se sentir necessidade, procure-nos. Estaremos aqui sempre para esclarecer suas dúvidas e ajudá-la, mas esforce-se para ser a menina que era antes de se relacionar com esse Gilberto. Não se use, não se venda. Somos bem mais que esse corpo denso de carne, somos Espíritos eternos, estamos neste mundo, mas não pertencemos a ele. Necessário se faz tomar cuidado, nos defender de nós mesmos para não cair nas tentações levianas.

— Mostramos a você um caminho, não podemos obrigá-la a aceitar e a seguir. Agora, filha, a escolha é sua. Tudo irá depender de você mesma.

Sueli pensava nas palavras da mãe: "Sempre foi iludida, sempre sonhou com as estrelas, mas eu a amo, assim como a meu pai. Vou tentar me desligar de Gilberto e, para isso, vou pedir ajuda a Bernardo, mesmo achando que foi ele quem armou essa situação".

Os pensamentos de Sueli se alternavam. Ora aceitava e queria se transformar, ora decidia que não queria ficar sem ver Gilberto. "O que eu vou fazer realmente não sei, mas pelos meus pais eu vou tentar."

Pedindo licença aos pais, voltou para seu quarto. O silêncio logo se instalou entre Sílvia e Jonas. Movidos pelo cansaço das sensações que experimentaram, permaneceram quietos, cada um com seus pensamentos. Voltaram à realidade quando ouviram a voz de Jandira perguntando se queriam um refresco.

Sílvia respondeu:

— Aceitamos, sim, Jandira, obrigada.

Assim que trouxe a bebida, Jandira, pedindo desculpas, falou:

— Se me permitem, devo dar os parabéns pela maneira com que conduziram essa questão com Sueli.

— O que você quer dizer, Jandira? – falou Jonas. – Estamos acabados emocionalmente e nem sabemos se fizemos certo ou não.

— Penso como Jonas, Jandira. De repente começamos a dar outro rumo à nossa conversa. A raiva e a decepção deram lugar à vontade de mostrar o quanto Sueli estava errada, mas sem julgar, ofender, magoar, enfim, as palavras foram saindo sem que nenhum de nós fizesse o menor esforço para tanto.

— Sílvia tem razão, foi muito estranho. Nós mesmos não entendemos o que de verdade aconteceu.

Jandira sorriu.

— Eu posso dizer-lhes o que de verdade aconteceu.

— Por favor, diga.

— Os senhores foram o tempo todo inspirados pelos espíritos amigos, falaram o que "eles" queriam que falassem, como já disseram, sem ofensas, agressões ou julgamentos.

— Do que você está falando, Jandira?

— Estou falando, Dr. Jonas, de auxílio divino, auxílio esse que veio através de inspirações que os bons espíritos emitem para que tudo aconteça dentro do equilíbrio. O momento pedia compreensão para não despertar ira em Sueli, orientação para mostrar a ela outro caminho, mais seguro do que esse que está trilhando. Enfim, foram abençoados com o amor Divino.

— E se ela continuar?

— Se continuar, Dr. Jonas, ela estará apenas usando o seu livre-arbítrio, ou seja, seu direito de escolha para agir como preferir, mas também se comprometendo com as consequências.

— Tenho medo – disse Sílvia.

— D. Sílvia, vamos orar, confiar e aguardar. Deus sempre está no comando.

— E a culpa que iremos sentir?

— Não existirá culpa, D. Sílvia, porque fizeram o que podia e deveria ser feito. A partir daí é com Sueli. Acompanhem seus passos, deem-lhe conselhos, estejam atentos e, sempre que puderem, mostrem-lhe a vida após a matéria.

Sílvia e Jonas se olharam e foi Jonas quem falou:

— Jandira, estamos admirados por sua sabedoria. Alegra-
-nos tê-la ao nosso lado.

— Jonas tem razão, Jandira. Onde aprende todas essas coisas que fala com tanta propriedade?

— Obrigada pelas palavras, mas eu não as mereço. Não sou sábia, meu conhecimento é limitado. Apenas sou grata por tudo o que Deus me deu. Ouço os conselhos dos bons espíritos amigos e os guardo porque sei que, em algum momento, eles serão de grande utilidade para alguém.

— Sim, Jandira, você pode não possuir escolaridade, mas possui o conhecimento da vida, a sabedoria dos bons e tementes a Deus. E posso lhe dizer que tanto eu quanto Sílvia agradecemos por tê-la conosco aqui em casa por todos esses anos.

— Jonas tem razão, minha amiga – confirmou Sílvia. – Sempre foi minha companheira, me aconselhou, sofreu conosco, embalou Sueli, enfim, é mesmo uma bênção sua presença entre nós.

Jandira, emocionada, não conseguiu pronunciar uma palavra sequer. Com os olhos cheios de lágrimas, virou-se e foi chorar na cozinha, onde achava que era o seu lugar.

— Jandira é uma pessoa especial! – exclamou Sílvia, com o que Jonas concordou.

As pessoas especiais demonstram por meio de suas atitudes o conhecimento e a prática dos sentimentos que elevam os que creem que somente o bem, o amor e a fraternidade poderão nos colocar no lugar de paz que almejamos, seja aqui, seja no reino de Deus.

Muitas vezes, procuramos alguém que está tão próximo de nós e, cegos, não o encontramos. Difícil é compreender que a felicidade está no que fazemos e, sobretudo, na maneira como fazemos, como agimos e na capacidade de entender que sempre somos responsáveis por nossos atos, sejam eles de amor ou ódio, sejam de paz ou de turbulência.

Os vendavais que comumente invadem nossa vida derrubam nossos ideais, a vontade de viver. Fazem-nos cair no desânimo pelo fato de imaginarmos que são insolúveis, e começamos a ter comportamentos de risco. Sentimos dificuldade em aceitar o sofrimento, entregamo-nos à cegueira espiritual e nos esquecemos de viver. Jonas e Sílvia, receptivos às inspirações de Hortência, conseguiram retornar ao equilíbrio na tentativa de reverter o quadro que os assustava, mas que acreditavam ser possível contornar se agissem com sabedoria.

É imprudente deixar a vida morrer em nossa alma porque viver é caminhar para Deus, é demonstrar a confiança Naquele que nos criou, e prosseguir a caminhada tentando não perder os motivos para viver, porque a vida sempre valerá a pena.

Jonas e Sílvia não podiam nem sequer imaginar o desenrolar dos fatos, mas seus corações estavam fortalecidos na certeza de que não estariam sozinhos para enfrentar o que mais poderia vir.

— Em que está pensando, Jonas? – perguntou Sílvia.

— Não quero assustá-la, querida, mas precisamos ficar bem atentos com Sueli. Ela me pareceu resistente aos nossos conselhos e poderá novamente se envolver com Gilberto, mentir e tentar nos enganar. Não sou tão ingênuo a ponto de acreditar que tudo foi resolvido hoje.

— Concordo com você, Jonas. Ninguém se transforma, a não ser por vontade própria, mas hoje foi um grande passo. Vamos confiar sem deixar de prestar atenção em nossa filha.

— Tem razão, Sílvia, é o que devemos fazer.

17

O fruto
da leviandade

Ao contrário de seus pais, que buscaram forças na fonte segura do amor e da misericórdia, Sueli alimentava a raiva que sentia de Bernardo por acreditar ter sido ele o causador de toda a confusão.

"Não vou deixar isso assim. Bernardo vai ter que me escutar, ouvir tudo o que tenho a dizer, deixando bem claro que não quero que se intrometa na minha vida. Pensei em pedir ajuda para ele, mas sou uma boba por pedir justamente para quem me traiu."

Olhando distraída pela janela, entregou-se a seus sonhos.

"Nem meus pais nem ninguém conseguem entender o que sinto. Eles imaginam ser muito fácil me livrar do que sinto, do prazer que me envolve quando estou com Gilberto, mesmo não gostando dos brinquedinhos dele, mas que mal há nisso se, como ele mesmo diz, só ficam lá aqueles que querem ficar?"

Continuou em seus pensamentos.

"Só me preocupo com meus pais. São antiquados, jamais irão entender as belezas e conquistas da vida no âmbito do prazer que estão ao nosso alcance viver. Enfim, acho que foi ponto para mim. É só tomar mais cuidado para não gerar desconfianças."

Ligou para Bernardo perguntando se poderia se encontrar com ela.

— Preciso muito falar com você, Bernardo. Poderia vir até minha casa?

Mesmo estranhando o convite, Bernardo aceitou.

"Ainda bem que ele topou vir até aqui", pensou Sueli. "Se eu sair daqui acompanhada de Bernardo, meus pais não vão ter do que reclamar. Depois é só ir me encontrar com Gilberto, explicar tudo e voltar como era antes, apenas com mais cuidado."

Sueli não percebia que plantava a semente do sofrimento em sua vida. Fascinada pelo prazer que Gilberto proporcionava, nada mais lhe importava, a não ser desfrutar da emoção que seus encontros ofereciam.

Desceu e disse à mãe:

— Daqui a pouco Bernardo virá me apanhar para darmos uma volta mãe, pode ser?

Sorridente, Sílvia respondeu:

— Claro, filha, Bernardo é uma ótima companhia para você. Vai, sim, passear com ele, se distrair e esquecer tudo o que aconteceu. O melhor mesmo é estar com amigos que nos querem bem, que pensam e agem de acordo com nossos pensamentos e atitudes.

— Assim que ele chegar me avise, estou no meu quarto.

— Tudo bem, filha.

— Viu, Jandira? Parece que pelo menos alguma coisa Sueli aprendeu. Nunca mais eu a tinha ouvido falar de Bernardo, e justamente agora vai sair com ele. Isso é muito bom, não é?

— Evidente que sim, D. Sílvia. Aos poucos tudo volta ao normal.

Sueli subiu novamente para o quarto. Escolheu a roupa que iria vestir e pensou:

— Será que Gilberto vai gostar? Hoje quero surpreendê-lo. Deve ter ficado muito chateado com a maneira com que meu pai agiu, mas eu o faço esquecer, tenho certeza disso.

Animada, logo se viu pronta. Ao ouvir a voz de Jandira, entendeu que Bernardo havia chegado.

— Estou indo – respondeu –, só um instante.

Bernardo conversava com sua mãe quando entrou na sala.

— Oi, Bernardo, tudo bem com você?

— Tudo bem, Sueli, melhor agora.

Sem querer falar mais do que queria ou devia, Sueli logo se despediu de sua mãe dizendo:

— Não se preocupe se eu demorar, mãe. Não vou ter pressa para voltar.

— Certo, filha. Está em boa companhia, confio em Bernardo.

Assim que saíram, Sueli disse:

— Obrigada por ter vindo, Bernardo. Quero muito conversar com você.

— Vamos até a praça, Sueli, assim ficamos mais à vontade, sentados junto ao lago.

Assim fizeram.

— Então, o que quer me dizer?

— Em primeiro lugar, Bernardo, quero que me diga a razão de ter levado meu pai até o apartamento de Gilberto. Quem lhe deu esse direito?

Bernardo ficou desconcertado. Meio sem graça, respondeu:

— Seu pai foi quem me chamou para acompanhá-lo até lá, Sueli. Apenas o acompanhei, pois ele estava muito nervoso. Você deve imaginar o que representa para um pai encontrar sua única filha em um lugar como aquele.

— E o que tem aquele lugar? É o apartamento de Gilberto!

— Mas você, melhor do que eu, sabe o que se faz ali entre quatro paredes, não sabe?

— O que se faz, Bernardo, é um problema de cada um. Como disse Gilberto, ninguém fica ali amarrado, obrigado. Todos querem mesmo é se divertir. Não consigo ver tanto mal quanto dizem.

— Você só pode estar brincando, não, Sueli?

— Brincando? Eu?

— Sim, você. Frequenta um apartamento onde acontece de tudo e finge achar que é normal, natural, é isso?

— E não é?

— Sueli, vamos parar com esse joguinho. Você tem consciência do que está fazendo, sabe muito bem que não se trata de reuniões saudáveis nas quais amigos se divertem, entretanto, teima em dizer que tudo é natural? – De repente, Bernardo teve uma desconfiança e perguntou: – Espera aí, Sueli, o que você tem em mente? Por que me convidou para sair? Passa na minha cabeça que tem tudo planejado, ou estou enganado?

— Calma, Bernardo, eu explico. Gostaria que você me ajudasse a sair sem que minha mãe suspeitasse para onde vou. Se eu disser que estou com você, ela concorda, caso contrário, terei dificuldade para encontrar com Gilberto, entendeu?

Admirado, Bernardo respondeu:

— Você tem coragem de me dizer isso? Tem coragem de continuar a se encontrar com ele mesmo sabendo o ser desprezível que ele é?

— Calma, Bernardo, não precisa ficar nervoso. Você não precisa dizer ou fazer nada, basta afirmar que estava comigo se eventualmente meus pais perguntarem. O que tem de mal nisso?

— O mal que tem, Sueli, é você viver em uma mentira e achar que vou ser seu cúmplice nessa loucura desprezível que está me propondo.

— Pensa melhor, Bernardo, nada vai acontecer com você. Somos amigos, estou pedindo um favor. Por que não aceita?

— Porque não acho justo com seus pais, não acho justo comigo nem com você, que não percebe o terrível engano que está cometendo. Por que quer essa vida, Sueli?

— Por que é a vida de que gosto, que me dá prazer e me faz feliz, só isso. Bernardo, eu não estou prejudicando ninguém.

— Está, sim, prejudicando você mesma, não consegue perceber isso, Sueli?

— Estou decepcionada. Imaginei que me ajudaria, já que foi o responsável pela descoberta de meu pai, talvez por vingança pelo fato de eu nunca querer namorar você, apesar de saber o quanto você me ajudou no passado. Enfim, gosto muito de você, Bernardo, mas como amigo, e, se você gosta de mim, ajude-me agora.

Bernardo mal podia acreditar nas palavras de Sueli.

"Ela está louca", pensou, "só pode estar. Não consegue perceber nada que não seja satisfazer a si mesma, mas não vou me envolver nem entrar nessa loucura, nossa amizade termina aqui".

— Ficou quieto, Bernardo. Afinal, vai me ajudar ou não?

— Evidente que não, Sueli.

— Mas por quê?

— Por respeito a você, seus pais e minha dignidade.

— Virou santo?

— Não.

— Então, qual a razão?

— A resposta, Sueli, está em uma única coisa: caráter.

— E me ajudar é falta de caráter?

— A partir do momento que envolve mentiras e armações, é, sim, falta de caráter, e vamos dar por encerrada nossa conversa. Espero que consiga se livrar de você mesma.

Levantou-se e saiu, deixando Sueli surpresa com sua atitude.

"Ele é muito careta, só pode ser. Vê problema em tudo, é um fraco." Passou a mão pelos cabelos, pegou sua bolsa e foi ao encontro de Gilberto.

"É o melhor que tenho a fazer", pensou, "continuar minha vida como sempre foi. O que importa é se estou feliz ou não. Só espero que Gilberto não tenha falado sério quando disse que não me queria mais". E continuou sua caminhada cheia de entusiasmo. "Foi melhor que meus pais tenham descoberto tudo; agora fica bem mais fácil", continuava com seus pensamentos enquanto caminhava a passos largos, com pressa de chegar ao apartamento de Gilberto. Ansiosa, esperou que Gilberto abrisse a porta, o que aconteceu quase que de imediato.

— Sueli! – exclamou Gilberto. – Não a esperava tão cedo. O que aconteceu para voltar aqui depois de tudo o que seu pai falou?

— Não aconteceu nada, Gilberto, apenas achei que gostaria que eu viesse, por isso vim.

— E seu pai? Não vai voltar aqui para fazer novo escândalo, vai?

— Não seja bobo, Gilberto, claro que não. Ontem ele agiu movido por forte emoção, mas pode ficar tranquilo que não dará mais trabalho para você. Quero saber se quer que eu venha.

— Claro que sim, Sueli. Preciso de você, estamos juntos nessa. Espero que não tenha esfriado por conta do acontecido.

Sueli soltou uma gostosa risada.

— Gilberto, você está falando sério? Eu esfriar? Acha isso possível?

— Não sei, Sueli, as mulheres são imprevisíveis.

— Mas eu não sou, continuo a mesma. Nada que ouvi de meus pais conseguiu mudar minha maneira de ser, porque acredito que temos o direito à felicidade, a viver do jeito que achamos certo e gostamos. Por que mentir para mim mesma se gosto de estar aqui, de me entregar a você, de sentir com você as emoções quentes e perturbadoras do desejo?

— Pelo visto, posso confiar que tudo será como antes, não?

— Pode, sim, Gilberto. E, para provar que digo a verdade, por que não iniciamos juntos, agora mesmo.

Gilberto, sorrindo, carregou-a no colo e levou-a para o quarto.

— Boa ideia, menina, muito boa ideia! – exclamou.

Enquanto Sueli desfrutava dos prazeres com Gilberto, Bernardo ainda tentava entender o porquê de Sueli ter mudado tanto. Pensava: "Essa menina me surpreende, fala tudo com naturalidade, como se fosse normal um procedimento assim como ela gosta. O que importa é que não entrei na sua conversa, mas preciso continuar com minha postura, não me envolver, porque sei que tudo está relacionado com pensamento fútil".

Os dias foram se sucedendo. Sueli continuava se encontrando com Gilberto e já não se dava ao trabalho de justificar suas saídas para os pais. Jonas e Sílvia, por mais que tentassem e orientassem a filha, nada conseguiam. A tristeza se instalara no coração de ambos, principalmente de Sílvia, que, mais sensível, previa um desenrolar infeliz para a filha.

Sueli cada vez mais se sentia atraída pelo namorado, que, ao contrário dela, sentia apenas desejo carnal. Nunca prometera compromisso, apesar de Sueli sempre tocar no assunto de ficar ao lado dele para sempre.

Interrogado, Gilberto respondeu:

— Para sempre é muito tempo, Sueli. Prefiro dizer até o momento que não quisermos mais.

Sueli se assustou.

— Do que você está falando?

— Estou falando que pode acontecer de eu ou você não querer mais, isso é natural. As relações vão aos poucos se desgastando e partimos em busca de outras emoções, outras pessoas. Essa é a vida, Sueli.

Sueli, arrasada, respondeu:

— Seja franco pelo menos uma vez. Você já está querendo acabar com nosso relacionamento, é isso?

— Por enquanto ainda não, mas, para falar a verdade, pode ser que não demore muito, afinal, há quanto tempo estamos juntos? Virou rotina, Sueli, e rotina é o que mais me incomoda.

— Por que não construímos uma família como todo mundo?

— Você só pode estar louca, Sueli!

— Por que, Gilberto?

— Acha mesmo que vou construir uma família com você?

— Por que não?

Irritado, Gilberto falou sem se preocupar se magoaria ou não o coração de Sueli.

— Você não consegue pensar por que não vou construir nada com você, Sueli, é tão difícil assim?

— Agora eu entendo. Sirvo para seus desejos e caprichos, mas não para ser a mãe de seus filhos, é isso?

— Espera aí. Para seus desejos e caprichos também. Sueli, nós dois não fomos feitos para uniões duradouras. Gostamos da liberdade completa, não nos prendemos em argolas, por isso sempre nos demos bem. Não temos compromisso nenhum um com o outro, ficamos juntos porque ainda queremos, só isso. Quando o desejo acabar, partimos para outra.

Sueli começou a chorar copiosamente.

— Mas o que é isso agora?

— Nada, Gilberto.

Levantou-se e saiu sem se despedir.

— Aonde você vai?

— Não sei, andar por aí.

Caminhou por longo tempo sem saber direito para onde ia. Não queria que seus pais a vissem naquele estado, não sabia o que fazer. "E agora, meu Deus, o que vai ser de mim? Como vou dizer a ele que estou esperando um filho dele, um filho que ele jamais irá aceitar? Receio o que poderá fazer para acabar com tudo isso".

Quando percebeu, viu-se em frente a uma casa de caridade que ministrava a Doutrina Espírita. Como uma sonâmbula, entrou sem ler o aviso da porta, sentou-se em uma das cadeiras e ficou quieta apenas olhando para o quadro de Jesus exposto em uma das paredes. Acima, uma placa singela tinha os dizeres: "Abrigo da Esperança". Ficou olhando para aquela pequena placa durante muito tempo, até que ouviu vozes ao seu redor. Virou-se. Algumas pessoas entravam no recinto para mais um dia de reunião da casa.

— A senhora vai participar dos trabalhos? – perguntou uma senhorinha simpática.

Sem saber o que dizer, Sueli apenas falou:

— Não, eu já estou de saída.

— Por que não fica aqui? Todos são bem recebidos, principalmente quando estão precisando de orientações para não se perder na melancolia.

Sem saber ao certo o que queria, Sueli levantou-se dizendo:

— Não posso, senhora, preciso ir.

— Não tenha medo, que Jesus a abençoe. Volte quando achar necessário.

— Obrigada.

Saiu e tomou o rumo de casa.

Ouvindo o barulho da porta que se abria, Sílvia perguntou:

— É você, Sueli?

— Sim, mãe, sou eu.

— Pode vir até aqui? Preciso falar com você.

— Claro – disse Sueli, aproximando-se rapidamente da mãe.

— Sente-se, filha, vamos conversar um pouco.

Acomodada, Sueli perguntou:

— O que deseja falar comigo, mãe?

— Filha, sei que eu e seu pai já sufocamos você com censuras, orientações, conselhos etc., mas parece que nada ou pouco adiantou, porque você continua com a mesma postura, tomando atitudes levianas. Gostaria de perguntar-lhe o que está adquirindo de bom, o que está trazendo para sua vida atual e futura com esse comportamento.

Sueli não sabia o que responder. Permaneceu em silêncio, então Sílvia voltou a falar:

— O que tem para dizer, Sueli? Pelo menos se sente feliz mentindo para seus pais e enganando você mesma?

— Mãe, é pecado tentar ser feliz?

— Não, filha, não é pecado quando a tentativa surge através de posturas dignas, lealdade, trabalho e, principalmente, sem deixar marcas em si mesma, marcas difíceis de serem retiradas porque são fruto da inconsequência.

— O que a senhora está dizendo, que marcas são essas?

— Marcas das frustrações que aparecem quando se percebe o engano que cometeu. A felicidade, minha filha, está inserida na alma, é aí que ela cresce e se fortifica, e não nas futilidades da matéria, que são efêmeras.

— Mãe, o que exatamente a senhora quer saber?

— Quero saber por que ostenta esse rosto triste se tem a felicidade com você?

Sueli começou a chorar. Sílvia abraçou-a com carinho, dizendo:

— Filha, diga para sua mãe o que está acontecendo. Por que essa angústia que imagino que esteja sentindo?

— Não está acontecendo nada, mãe. Deixe-me ficar assim, pertinho da senhora, só quero isso.

Sílvia apertou-a mais um pouco em seus braços, beijou seu rosto com carinho e disse:

— Filha, sempre estaremos aqui, eu e seu pai, para ajudá-la a encontrar o caminho, mas fica mais fácil se soubermos exatamente o que está acontecendo com você.

Sueli levantou-se e saiu correndo em direção ao seu quarto. Jogou-se na cama e chorou. "O que vou fazer, meu Deus? Como dizer a meus pais que estou esperando um filho de Gilberto e que ele não sabe ainda nem tenho coragem de dizer?"

Sílvia não conseguiu entender a reação de Sueli.

— Pensei que dessa vez iria conseguir que ela se abrisse comigo, mas me enganei mais uma vez. O que devo fazer, meu Deus, como ajudá-la?

— Falando sozinha, Sílvia? – ouviu a voz de Jonas.

— Jonas, estou preocupada com Sueli.

— Por que, Sílvia, o que foi dessa vez?

Sílvia colocou o marido a par da conversa que tivera com Sueli.

— Ela fugiu para o quarto, Jonas, mais uma vez se esquivou, mas tenho certeza de que alguma coisa séria está acontecendo.

— Às vezes penso que em algum momento falhamos com Sueli, Sílvia. É a única explicação que encontro para esse comportamento que nos desagrada e que nada de útil acrescenta à vida dela.

Sílvia ficou pensativa, analisando as palavras do marido. Jandira, que servia seus patrões, não pôde deixar de ouvir. Com a intimidade que sempre lhe fora permitida, perguntou:

— Os senhores permitem que eu fale a respeito?

— Claro, Jandira, pode dar sua opinião.

Jandira, colocando a bandeja que segurava em cima da mesa, sentou-se ao lado de Sílvia e disse:

— Não precisam trazer a culpa para vocês pelo que Sueli está fazendo da própria vida. Sou testemunha do carinho e da atenção com os quais Sueli sempre foi tratada por vocês, mas é bom lembrar que cada um de nós é um indivíduo e possui o livre-arbítrio, ou seja, o direito de escolha. Sueli apenas está usando esse direito. Desprezou os sábios conselhos, preferiu pensar em si mesma, na sua satisfação física, porque, para ela, é o que realmente importa. Que culpa têm os senhores se ela não ouviu a voz que lhe abria os olhos?

— Mas será que fizemos tudo o que era possível, Jandira?

— Sim, Dr. Jonas, mostraram o que sabiam ser o caminho seguro, a verdade da vida. Em nenhum momento Sueli foi jogada à própria sorte. Ela mesma procurou e procura até hoje a felicidade que acredita estar no prazer, e por esse engano, D. Sílvia, a vida irá lhe cobrar um preço alto.

Sílvia assustou-se.

— O que quer dizer com cobrar um preço alto?

— Ora, D. Sílvia, nada que se faz aqui na Terra fica esquecido na espiritualidade. A cobrança sempre vem porque tudo gera uma consequência boa ou ruim, dependendo dos atos praticados. Sueli age com leviandade e receberá de acordo com essa inconsequência. É a lei de causa e efeito, tudo entra na justiça divina.

— Mas por que Deus permite, Jandira?

— Porque Ele respeita o que deu a todos nós, o livre-arbítrio. O homem precisa aprender a lidar com esse direito, deixar de praticar inconsequências, acordar para as coisas espirituais que vão além da vida física e que nos traz a felicidade real.

Jonas e Sílvia, como sempre, ficaram impressionados com as palavras de Jandira.

— É impressionante, Jandira, como você tem sempre uma palavra de incentivo, sempre mostrando-nos um caminho e aliviando nosso coração – disse-lhe Sílvia.

— É verdade – concordou Jonas. – Se eu não estiver sendo indiscreto, fale-nos um pouco dessa Doutrina tão esclarecedora.

— Eu também gostaria de conhecer mais sobre o assunto, sobre o lugar que você frequenta.

Jandira atendeu ao pedido e iniciou:

— Essa Doutrina não nos condena, como muitos pensam, ao contrário, esclarece que todos nós somos responsáveis pelos nossos atos e que a resolução dos problemas está dentro de nós mesmos, dependendo da nossa capacidade de entender a mensagem contida nas aflições. Desenganos, medos, ansiedades e angústias pelos quais passamos são condutores de desequilíbrio físico e abalam a saúde física e espiritual, trazendo doenças.

"Aprendemos que antes de tentar mudar as pessoas precisamos primeiro lutar pela nossa reforma íntima, tendo consciência de que, para o caminho da evolução, não existem atalhos.

"Deus permite que os bons espíritos nos orientem como proceder para atingir a evolução, mas é verdade que eles não podem ficar à mercê dos encarnados. Nós somos comandantes da nossa vida. Jesus nos ensina a ser úteis ao semelhante de alguma maneira, sem deixar de ser nós mesmos, trabalhando, produzindo, dedicando-nos a alguma atividade edificante."

— Tudo bem, Jandira, mas os espíritos não podem mostrar mais claramente a direção? Evitariam nossos enganos.

— Não, Dr. Jonas, eles podem nos inspirar, mas não fazer a tarefa que nos compete. Do contrário, onde estaria nossa evolução? É preciso ampliar nossos horizontes em direção ao Senhor e saber que para todos os propósitos existe um tempo. A jornada de cada um pertence a cada um e a responsabilidade também.

Jandira silenciou e Sílvia disse:

— Fale mais um pouco, Jandira. Esse assunto me interessa.

— Muitas vezes, D. Sílvia, sem perceber nos emaranhamos em confusões, revoltas pela ingratidão recebida, mágoas por não conseguir perdoar, tristezas por não conseguir enxergar a beleza que existe à nossa volta e descrenças por nos sentir incapazes de nos abrir e permitir que a fé e a esperança criem raízes e floresçam dentro de nosso coração, dando-nos suporte para prosseguir nossa jornada na Terra. Enfim, D. Sílvia, a Doutrina Espírita é isso, é nos mostrar que podemos e devemos procurar nossa melhora espiritual, porque é aí, seguindo as Leis Divinas, que iremos encontrar o que tanto procuramos na matéria, ou seja, a felicidade.

— Qual casa você frequenta?

— Chama-se "Abrigo da Esperança".

— Podemos ir lá algum dia com você?

— Evidente que sim, D. Sílvia, o dia que quiserem. Bem, se me derem licença, vou cuidar dos meus afazeres.

— É impressionante que uma pessoa como Jandira possa ser tão lúcida no que se refere à vida – comentou Jonas.

— Tem razão, também fico admirada – concordou Sílvia.

Sueli, cansada, adormeceu. Mais uma vez Hortência aproximou-se de seu espírito e, delicada, disse-lhe:

— Sueli, o que está fazendo com sua encarnação? Por que despreza a sagrada oportunidade de renovação que lhe foi concedida por Deus? Está se afastando do propósito para o qual foi amplamente preparada. Uma parte dele já está em você, mas, pelo que vejo, ainda não recebeu de você nenhuma energia de carinho, já que aceitou abrigá-lo no ventre e ser sua companheira na caminhada pela evolução.

— Não quero esse filho – dizia Sueli. – Sou nova, tenho ainda muito que me divertir, e depois Gilberto não vai querer, não vai aceitar, tenho certeza disso.

— Sei o que está pensando, e rogo a Deus que a proteja para não se aprisionar em si mesma com as argolas do mal. Pense com o coração, minha irmã. Todos possuem o direito de viver, assim como você, que o adquiriu através de seus pais. Reflita!

— Não adianta, nada vai mudar minha opinião, a não ser que Gilberto o aceite. Caso contrário, eu vou expulsá-lo de mim.

Hortência, diante da resistência de Sueli, afastou-se, deixando-a entregue aos espíritos que, colando-se a ela, permaneciam na mesma faixa vibratória. Quando a noite deu lugar ao amanhecer, Sueli acordou.

— Meu Deus – exclamou –, estou ficando especialista em sonhar coisas ruins. Acordo cansada, desanimada, como se alguma coisa estivesse presa em mim, e não consigo identificar o que pode ser. Deixa pra lá, vou levantar para encontrar com Gilberto. Não dá para esperar mais, estou agoniada e quero resolver de uma vez por todas essa situação.

Aprontou-se e, ao encontrar com sua mãe, disse-lhe:

— Hoje vou sair cedo, mãe. Tenho uma coisa muito importante para resolver, mas não devo demorar.

— Posso saber aonde vai?

— Melhor não, a senhora não iria gostar, mas posso lhe garantir que voltarei logo. É só o tempo de resolver umas questões com determinada pessoa.

Antes que Sílvia argumentasse, Sueli saiu apressadamente. Sílvia olhou para sua filha e pensou: "Ela não me engana. Gilberto está envolvido nisso".

— O que foi, D. Sílvia? – perguntou Jandira. – Sueli saiu tão cedo, nem o café tomou.

— Pois é, Jandira, ela age sempre assim. Não dá nenhuma satisfação da sua vida. Jonas e eu não sabemos mais o que fazer, não conseguimos entender essa menina.

— Quer um café para se acalmar?

— Não, prefiro um refresco.

Jandira com presteza ofereceu a ela um copo de suco, que Sílvia sorveu com prazer.

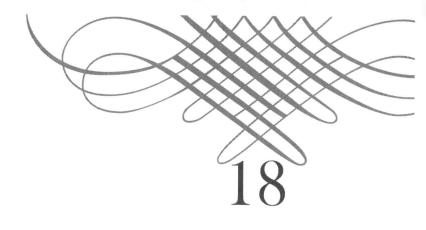

18
Uma solução inadequada

Ao ouvir a campainha, Gilberto, com notório mau humor, foi atender a porta. Deparando com Sueli parada bem à sua frente, disse:

— Posso saber o que está fazendo aqui a esta hora da manhã?

Sem responder, Sueli entrou e foi logo dizendo:

— Guarde seu mau humor para quando souber o motivo pelo qual vim até aqui a esta hora.

— Então diga logo, porque não estou com paciência. Fui dormir tarde e vem você bater na minha porta agora? Deve ser mesmo muito importante.

— E é!

— Fale!

— Gilberto, nada foi planejado, mas quero que saiba que estou esperando um filho seu.

— O quê? – perguntou Gilberto tomado pela raiva. – O que você disse?

Sueli respondeu com calma, apesar de seu coração bater descompassado.

— Eu disse que estou esperando um filho e você é o pai, entendeu?

— Não, não entendi. Você acha mesmo que vou acreditar que sou o pai desse filho?

— Por que a dúvida?

— Porque você sabe tão bem quanto eu que existe a possibilidade bem forte de ser outra pessoa. Esqueceu ou quer que eu refresque sua memória?

As palavras de Gilberto soaram pesadas aos ouvidos de Sueli.

— Mas eu sei que é seu, Gilberto, tenho certeza disso.

Gritando, ele respondeu:

— Mas eu não tenho certeza. Não quero ter compromisso com você, e isso já foi amplamente discutido. Eu peço, por favor, que não venha fazer drama agora, porque não vai me convencer.

— Não posso crer que seja tão insensível assim. Você não sente nada por mim, nenhum sentimento? Esqueceu tudo o que vivemos esse tempo todo? As palavras que me dizia? Foi tudo mentira?

— Não, Sueli, não foram mentiras, foram palavras que traduziam meu sentimento naquela hora, apenas naquela hora, mas você deve saber que tudo passa, os sentimentos mudam, outras pessoas chegam, enfim, a vida continua e as emoções passam a ser outras.

Sueli perdeu o chão. Sentou-se em uma cadeira e, cobrindo o rosto com as mãos, chorou.

Gilberto começou a ficar incomodado. "Preciso tirá-la daqui, afastar-me dela, porque sei que vai me dar trabalho." Aproximou-se mais de Sueli e, tentando falar com mais suavidade, disse-lhe:

— Vamos fazer o seguinte: procure um médico, vá a algum hospital ou qualquer pessoa que entende e tire esse filho. Ainda é muito pequeno, nem formado está, eu assumo as despesas.

— Você quer que eu faça um aborto? É isso?

— Por que o espanto, Sueli? Todas as mulheres fazem isso o tempo todo, por que quer ser diferente? O problema fica resolvido e nossa vida não sofre modificações, percebe como é simples? – E continuou: – Seus pais já sabem dessa gravidez?

— Claro que não, queria falar com você primeiro.

— Ótimo.

— Eu não conheço ninguém que faz isso, Gilberto.

— Deixa comigo que eu resolvo.

— Agora vá para sua casa, pare de chorar e aja normalmente para ninguém desconfiar de nada. Assim que tiver tudo combinado, eu aviso você.

— Mas eu vou sozinha?

— Não. Estarei ao seu lado o tempo todo. Depois você vem para cá para se recuperar. Ninguém vai ficar sabendo de nada e tudo estará resolvido.

Assim que Sueli foi embora, Gilberto disse a si mesmo:

— Essa foi por pouco. Depois é melhor descartá-la de uma vez, porque sinto que vai me trazer problema.

Sueli, chegando em casa, como sempre fazia, foi direto para o quarto.

— Resolveu seu problema, Sueli? – perguntou Sílvia.

— Sim, mãe, está tudo certo.

— Fico contente por você.

Sueli sentiu uma angústia, entrou em desespero e permitiu que sua mente entrasse em sintonia com vibrações inferiores. A ideia do aborto se instalou em sua mente: "Gilberto tem razão. É melhor mesmo tirar enquanto é pequeno. Não tenho jeito mesmo para ser mãe, pior ainda sendo mãe solteira".

Levianamente decidiu-se pelo aborto e, a partir daquele momento, foi envolvida por sombras sinistras que, aproveitando a inconsequência de Sueli, passaram a instigá-la para que realmente realizasse o aborto.

"Tomei a decisão certa. Tomara que Gilberto consiga alguém para fazer. Dois meses não significam nada, ele é muito pequeno ainda e eu tenho muito que viver." E continuou: "Preciso apenas encontrar uma boa desculpa para meus pais para eu me ausentar por uns dois ou três dias, assim posso descansar no apartamento de Gilberto".

Em vão, Hortência tentou inspirá-la para que desistisse de cometer algo tão cruel, repugnante, mas Sueli, conectada com vibrações baixas que a instigavam a cometer o delito, não conseguia perceber nem mudar o rumo dos seus pensamentos. Sua ânsia de se livrar do que considerava inoportuno impedia-a de perceber qualquer sugestão que não fosse a favor do aborto, que acreditava ser a solução mais adequada. O aborto é um delito, uma agressão cruel, e pagarão caro aqueles que praticarem este vil assassinato.

Uma semana se passou. Sueli a cada dia se tornava mais nervosa, a ponto de seus pais sugerirem levá-la ao médico, o que foi fortemente repelido por Sueli.

— Estou apenas cansada, mãe – dizia. – Isso vai passar.

— Mas o que está acontecendo, minha filha? Nós nunca a vimos assim agoniada, nervosa, agindo como se esperasse alguma coisa acontecer.

— Não é nada, mãe, já disse, acho que é cansaço mesmo. Se a senhora não se importar vou descansar no meu quarto.

— Claro, filha, pode ir sim. Se precisar de alguma coisa é só chamar, estarei por perto.

Vendo Sueli se afastar, Sílvia pensou: "Ela está escondendo alguma coisa, preciso descobrir o que é".

Por sua vez, Sueli pensava: "Estou dando motivos para minha mãe desconfiar, preciso ficar mais calma. Mas, também, Gilberto não manda notícias! Vou telefonar para ele".

Na sua leviandade, Sueli se afastava de qualquer possibilidade de captar boas vibrações, não registrava nem entendia os conselhos de luz que Hortência tentava enviar-lhe em vão.

Quando teimamos em persistir no erro, fechamos a porta da nossa alma e impedimos nós mesmos de receber as vibrações de amor que os bons espíritos nos enviam com o intuito de nos redirecionar para o equilíbrio. Sueli estava prestes a assumir um dos mais terríveis débitos a ser resgatado no mundo espiritual. Será que alguém consegue ser feliz após ter cometido uma falta tão grave aos olhos de Deus?

Ninguém tem o direito de impedir a vinda de um espírito que foi agraciado pela bênção da encarnação. É nosso dever respeitar a vida, a nossa e a do próximo. Ela nos é dada por Deus e somente Deus pode tirar quando Ele achar que o momento do retorno chegou.

O aborto é um crime perante as leis de Deus, mesmo que não seja para os homens. É preciso que nosso coração se torne gerador de amor, de vida e de fé, recebendo nossos filhos no aconchego carinhoso, abnegado, tolerante e amoroso que caracteriza a palavra mãe.

Sentindo-se cada vez mais ansiosa, Sueli resolveu procurar Gilberto.

— O que a traz aqui, Sueli? Eu já disse que não gosto que venha sem avisar. Isso é invasão de privacidade.

Decepcionada, Sueli respondeu:

— Puxa, Gilberto, vim apenas perguntar se você resolveu aquele nosso assunto.

— Posso saber que assunto eu tenho para tratar com você?

Uma raiva tomou conta de Sueli. Quase gritando, respondeu:

— Não se faça de desentendido, Gilberto, porque não fiz esse filho sozinha. Sua responsabilidade é tão grande quanto a minha. Quero saber como ficamos.

— Isso quem tem que resolver é você, Sueli, que foi irresponsável a ponto de engravidar. Agora quer jogar a culpa em cima de mim, é isso?

— Não, Gilberto, não é isso. Quero apenas que cumpra sua palavra. Disse que iria me ajudar a resolver esse problema, agora tira o corpo fora? Eu não conheço ninguém, não tenho como pagar, não posso falar com meus pais, o que vou fazer?

Com toda a sua irresponsabilidade e falta de caráter, Gilberto respondeu:

— Fique calma, vou lhe dar o dinheiro para esse aborto, mas não vou com você, não quero me envolver. Tenho dúvida se sou mesmo pai desse filho, portanto, Sueli, trate de resolver o mais rápido possível antes que alguém perceba sua gestação.

Hortência tentava ainda inspirar bons pensamentos em Sueli para que desistisse de praticar esse procedimento tão revoltante.

— Sueli, o aborto é um crime cruel, praticado contra seres indefesos que sentem e sofrem por essa agressão bárbara e desumana – dizia Hortência. – Desista dessa ideia. Abortar significa matar, e por esse crime as penas são duras. Todo crime esquecido aqui na Terra continua lembrado na eternidade e, mesmo que nossa mente não se recorde mais, pagaremos por ele na mesma proporção do estrago espiritual que causamos aos nossos irmãos. Portanto, minha irmã, afaste essa ideia, adquira forças no amor de Jesus. Ele mostrará o caminho.

Sueli, sem nada registrar, deixou-se cair pesadamente em uma cadeira próxima. Cobriu o rosto com as mãos e chorou de decepção e de arrependimento por ter sido tão tola em confiar em alguém como Gilberto, sem nenhum caráter.

Gilberto, incomodado, falou, tentando acalmar Sueli:

— Está bem, eu vou com você, mas isso não vai significar que vou assumir você novamente na minha vida.

— Como assim?

— Sueli, quando alguém começa a dar problema o melhor a fazer é cortar o mal pela raiz. Você não será mais a mesma, aquela jovem linda, fogosa, disposta a tudo para dar e receber prazer, satisfazendo o seu e o meu desejo. Enfim, já vivi uma situação como essa e sei que tudo muda, e eu não quero nenhuma mudança. Gosto do jeito que está.

— Você me usou esse tempo todo!

— Da mesma maneira que você me usou, Sueli, estávamos de comum acordo.

Antes que Sueli dissesse mais alguma coisa, Gilberto, para cortar o assunto, falou:

— Vá para casa e descanse. No máximo em três dias tudo estará resolvido. Está bem assim?

— Por enquanto, sim, mas não pense que vai me jogar fora como um estorvo, algo que não serve mais. Tenho dignidade e não vou permitir que me trate sem respeito.

— Você deveria ter pensado nisso quando aceitou o modo como vivo e gostou dele.

Sueli levantou-se para ir embora. Ao passar por Gilberto, ele a segurou com força e disse:

— Não quer aproveitar? Já que está aqui mesmo, por que não darmos um sentido à sua visita?

Sueli impulsivamente levantou a mão e deu-lhe um tapa no rosto.

— O que é isso? – perguntou Gilberto.

— Isso é a minha indignação; é a raiva que sinto por ter me envolvido com alguém tão repugnante como você. E, se quer saber, não quero mais nada que possa vir de você.

Saiu apressada, deixando Gilberto boquiaberto. "Essa menina enlouqueceu, não sabe com quem está lidando, mas vou esperar. Ela vai voltar para pedir ajuda e eu estarei aqui pronto para vê-la se humilhar."

Andando apressadamente, Sueli ia pensando: "Não quero nada dele. Como fui tola em acreditar e aceitar tudo o que ele queria! Agora que preciso não faz nada por mim. O que devo fazer com urgência é pensar onde vou fazer esse procedimento sem que meus pais descubram".

Chegando em casa, Sílvia logo notou o rosto abatido de Sueli.

— Filha, está com a expressão tão abatida, o que aconteceu para deixá-la neste estado?

Sem responder, Sueli abraçou sua mãe. Com o rosto descansando nos ombros de Sílvia, Sueli chorou todas as lágrimas que nasciam de um grande arrependimento.

Sílvia acarinhava sua filha com ternura e preocupação por não saber o que havia acontecido para que ela se comportasse daquela maneira. "Aquele cafajeste do Gilberto deve estar envolvido nisso, só pode estar."

— Filha, gostaria de se abrir com sua mãe, aliviar sua tensão? Quem sabe eu posso ajudar.

— Obrigada, mãe, mas penso que ninguém poderá me ajudar. Fui leviana, desprezei seus conselhos, não dei importância às palavras sensatas que todos vocês me disseram. Agora, mãe, vejo-me nadando em águas turbulentas e não sei como sair, o que fazer.

— Você está me assustando, filha, explique-se melhor.

Soltando-se dos braços de Sílvia, correu para o quarto entregando-se ao desespero. Assustada, Sílvia chamou Jandira.

— Pelo amor de Deus, minha amiga, ajude-me a entender as reações de Sueli. Sei que está passando por um vendaval, mas não imagino o que possa ser.

Jandira, com sua sensatez costumeira, respondeu:

— D. Sílvia, a vida apenas responde aos nossos atos, na maioria das vezes impensados. Ditamos para nós mesmos regras que nos jogam no sofrimento e, quando a dor aparece, caímos em desespero. Quando jovens, vamos agindo apenas para satisfazer nossos desejos e nem sempre esse desejo está inserido na paz que todos buscamos. Aí, quando percebemos, nos distanciamos tanto das coisas realmente importantes que se torna difícil achar o caminho da volta sem experimentar o sofrimento.

— Você acha que isso está acontecendo com Sueli?

— Quem sou eu para achar alguma coisa, D. Sílvia? Mas parece-me que nossa menina se envolveu em algo grave e não sabe como resolver.

— Você acha que pode ser droga? Que ela se tornou uma dependente química?

Jandira pensou por uns instantes e depois respondeu:

— Penso que não. Acho mesmo que Sueli se envolveu com algo sublime, mas para ela algo aterrorizante por não conhecer o outro lado da vida, por ignorar que tudo é criação divina e cada coisa possui sua importância. É preciso apenas ver as belezas que nos rodeiam, mas que sentimos dificuldade em perceber.

— Seja mais clara, Jandira, por favor.

— Pois bem. A senhora já pensou em gravidez?

Sílvia sentiu-se desfalecer.

— Jandira, você pensa isso mesmo?

— Nada posso afirmar, D. Sílvia, mas é uma possibilidade que não se pode desprezar.

— Tem razão, principalmente no caso de Sueli, cuja vida é só irresponsabilidade.

— Infelizmente, é assim, mas nem tudo está perdido. Na verdade, não sabemos o que de fato está acontecendo. É preciso ter muita calma, D. Sílvia, nada podemos afirmar, mas nada devemos descartar. Converse com ela, quem sabe acaba falando o que a está atormentando?

— Tem razão, Jandira, vou tentar.

Foi até o quarto de Sueli e, assim que percebeu que a porta estava destrancada, entrou. Olhou para a filha que parecia dormir, jogou uma coberta por cima e saiu, deixando-a descansar.

— Ela está dormindo, Jandira, achei melhor deixá-la descansar.

— Fez muito bem, D. Sílvia, é melhor mesmo que ela descanse.

Quatro dias depois Sueli recebeu um telefonema de Gilberto.

— O que quer? – perguntou secamente.

— Quero dizer-lhe que já encontrei o lugar para você ir, está entendendo? Marquei para amanhã, no período da manhã, tudo bem para você?

— Para mim está ótimo, onde fica?

Após dar o endereço certinho, Gilberto falou:

— Não se preocupe, vou encontrar com você na praça onde a gente sempre fica.

— O que fez você mudar de ideia, Gilberto?

— Nada. Apenas quis ajudá-la por conta de todo esse tempo que estivemos juntos.

— Eu agradeço, vou me sentir mais confiante.

Desligando o telefone, Sueli pensou: "Quando isso acabar, tudo vai voltar a ser como antes, tenho certeza disso. Gilberto está apenas amedrontado, é normal".

Criou expectativa. Em sua leviandade, só conseguia pensar em ter de volta as sensações que experimentava cada vez que se encontrava com Gilberto.

Sílvia tentou mais uma vez se aproximar da filha com o propósito de esclarecer o que estava acontecendo.

— Mãe, não se preocupe comigo, não está acontecendo nada. Sinto-me apenas um pouco cansada. Acho que deve ser do calor, sei lá, mas pode ficar tranquila que já estou melhor.

— Você não está me escondendo nada, está?

— Claro que não, mãe. Por que haveria de esconder alguma coisa da senhora?

— É, por que haveria?

Saiu deixando Sueli entregue aos seus pensamentos: "Que bom que Gilberto vai me levar. Ele não admite, mas no fundo me ama".

Devemos preservar a vida e dar aos espíritos o direito de reencarnar na Terra, o mesmo direito que nos foi dado por nossos pais. Alguém pode sentir-se feliz e tranquilo após ter cometido uma falta tão grave aos olhos de Deus?

Nos vendavais que comumente invadem nossa vida, derrubam nossos ideais, nossa vontade de viver, começamos a ter comportamentos de risco sem nos darmos conta de que somos, geralmente, nosso próprio algoz. O desânimo ao qual nos entregamos cega a visão espiritual e iniciamos, não raro, o caminho do sofrimento e da dor.

A leviandade e a inconsequência, praticadas assiduamente, jogaram Sueli no sofrimento, na incapacidade de perceber quanto estava se distanciando do que realmente importa na vida: o amor em todas as suas formas.

Sílvia e Jonas conversavam sobre o estado de Sueli. Embora soubessem que ela sempre tivera um comportamento longe de ser o ideal para os pais, mesmo assim se preocupavam sobremaneira com suas atitudes nos últimos tempos.

— É certo que nossa filha desde pequena revelou seu comportamento difícil, Sílvia, mas agora penso que é o momento mais complicado, porque envolve sua sexualidade, e isso interfere na sua dignidade.

— Você está certo, Jonas. Penso como você, mas tentei de todas as maneiras aproximar-me de Sueli, e as tentativas foram em vão. Ela não dá a menor abertura e, se interrogada, responde com evasivas.

— É, está ficando cada vez mais complicado nos relacionar com ela.

— Mas não podemos desistir. Vou tentar até descobrir o que está por trás dessa sua melancolia, desse desânimo.

— Tem razão, algum motivo mais sério deve existir.

Deus nos deu a vida uma vez e nos dará outras quantas vezes forem necessárias. Se o sofrimento bate à nossa porta, com certeza não veio em endereço errado. A justiça divina se faz presente sempre, em tudo existe um aprendizado. A compreensão das dificuldades pelas quais passamos é que nos dará condições de, junto com Jesus, resolvê-las para que a paz volte ao nosso coração.

Sueli não podia mais suportar a ansiedade: "Poderia ser hoje mesmo", pensava. "Como vou conseguir esperar chegar amanhã sem saber se tudo vai dar certo, se o local é adequado e, principalmente, se o médico é mesmo responsável, como disse Gilberto? É, deve ser. Nesse ponto, Gilberto é criterioso e não iria brincar com coisa tão séria, não me colocaria em risco. Preciso ficar calma, tudo vai dar certo."

Passou o dia em seu quarto, o que deixou Sílvia ainda mais nervosa.

— Mas por que ela se isola assim? – perguntava a Jandira. – Que mistério é esse que a envolve?

— Não sei a resposta, D. Sílvia, isso também me intriga. Nunca a vi desse jeito.

— Pois é, Jandira, eu também não. Minha intuição me diz que Sueli esconde algo muito sério, e é disso que tenho medo.

— A senhora quer que eu vá ver o que está acontecendo?

— Faça isso, Jandira, veja se está tudo bem.

Jandira continuava acreditando que poderia ser uma gravidez que Sueli mantinha escondida. "Meu Deus, espero que eu esteja errada, porque, se for verdade, seus pais irão sofrer muito."

Bateu à porta.

— Entre – ouviu a voz de Sueli.

Ao entrar, Jandira reparou que o quarto estava arrumado. Não havia nada fora do lugar, como sempre acontecia quando Sueli se trancava ali.

— O que você quer, Jandira?

— Nada em especial, apenas vim atender ao pedido de sua mãe, que está muito preocupada pelo fato de você não sair desse quarto, Sueli. O que está acontecendo, por que se isola dessa maneira, deixando seus pais aflitos?

Sueli sorriu.

— Não está acontecendo nada, Jandira, eu estou ótima. Apenas um pouco resfriada – mentiu –, o que me deixa indisposta.

— Se é só isso, é fácil de resolver. Vamos descer e vou preparar alguma coisa para você, pois precisa se alimentar.

— Obrigada, mas não sinto fome.

Seguindo sua intuição, Jandira disse:

— Sueli, sei que não é isso que a está deixando assim. Mentir não vai levá-la a lugar algum. Está com um problema, e isso é um fato. Por que não divide suas dúvidas com sua mãe? Ela sempre terá uma palavra de consolo, de coragem, enfim, ela saberá o que dizer para acalmá-la.

— Não posso, Jandira.

— E por que não pode?

— Porque ela não entenderia.

— Não seria melhor tentar e perceber que está enganada?

— Não, Jandira, não seria. É melhor deixar como está. A solução quem tem que encontrar sou eu, e parece que já encontrei. Amanhã pela manhã resolvo tudo.

— Bom, se é assim, fico contente em saber que já encontrou a solução. Espero que seja a mais acertada, que não machuque ninguém.

— É a mais acertada, Jandira, isso posso garantir a você.

— Quer que eu lhe traga alguma coisa?

— Sim, um suco.

— Só isso?

— Sim, só isso.

Jandira foi falar com Sílvia.

— E aí, Jandira, como ela está?

— Aparentemente bem, D. Sílvia, mas tenho aqui comigo que ela está escondendo algo mais sério.

— Será que ela está doente? — perguntou Sílvia alarmada.

— Penso que não é por doença. Talvez esteja envolvida com alguma coisa relacionada àquele rapaz.

— O Gilberto?

— Sim, o Gilberto.

— Meu Deus, esse rapaz de novo, não! – exclamou Sílvia.

— Não sei, não, D. Sílvia, mas parece que ele está envolvido sim. Senti uma coisa estranha quando me aproximei de Sueli, algo inexplicável.

— Como assim?

— É como disse. Senti uma emoção estranha, uma energia pesada pairando no ar, não sei dizer ao certo. Não quero assustá-la, D. Sílvia, mas penso ser coisa mais séria.

— E o que ela pretende fazer? Falou alguma coisa?

— Disse que já tem a solução e que tudo ficará bem amanhã, para ninguém se preocupar.

— Eu não entendo a razão de Sueli fugir sempre dos pais. Deveria ser o contrário, não deveria, Jandira? Por que ela não confia em nós?

— Os filhos são assim mesmo, D. Sílvia, a eles parece que os pais estão sempre errados. Confiam nos amigos, é próprio dos jovens. Procuram no mundo o que está tão perto deles mesmos, ou seja, os pais. Cada um, D. Sílvia, carregará o peso da sua própria invigilância, esse é um fato, mas também é verdade que um dia consegue abrir os próprios olhos e enxergar quem está de verdade ao seu lado, é só aguardar.

— É muito bom ouvir você, Jandira, sempre acalma meu coração.

— A senhora quer um suco?

— Obrigada, prefiro um café.

— Vou buscar – disse Jandira, satisfeita por ver sua grande amiga mais calma.

19

A consumação do crime

Sueli saltou da cama logo cedo, como havia combinado com Gilberto. A ansiedade tomava conta de todo o seu ser. Ela alternava suas emoções: ora sentia-se segura para ir em frente, certa de que era o melhor a fazer, ora pensava em seus pais, em si mesma e temia pelo que podia acontecer. "Na verdade, não sei se este é o melhor caminho", pensava.

Nessas horas de dúvida, Hortência aproximava-se e intuía Sueli para que orasse pedindo ajuda.

— Irmã, volte atrás no seu propósito, porque este não é o melhor caminho. A melhor solução é não praticar esse crime, optar pela vida, e não pela morte. Não assuma um dos mais terríveis débitos a serem resgatados no mundo espiritual.

Sueli não se dava conta da presença de Hortência, de quanto esse espírito tentava ajudá-la.

— Preciso ser feliz – dizia para si mesma, tentando encontrar uma justificativa para a prática de ato tão vil. – Como poderei ser feliz tendo que cuidar de uma criança? Meus sonhos cairão por terra, ficarei presa para sempre sem poder nem sequer me encontrar com Gilberto, porque sei que ele jamais irá aceitar essa situação. O melhor mesmo é me libertar desse empecilho.

Hortência, mais uma vez tentando mostrar-lhe quanto estava enganada, disse-lhe ao ouvido:

— A felicidade existe, sim, minha irmã, e encontra-se ao alcance de todos os que a desejam, mas não podemos buscá-la fora de nós, porque não a encontraremos. A felicidade está dentro de nós, onde raramente a buscamos. Por um momento, esqueça-se de si mesma e pense na grandiosidade do amor de Deus, que a beneficia permitindo que seu útero gere um ser que irá embalá-la nos seus sonhos, ampará-la em suas dores e alegrá-la com seus sorrisos.

Sueli, incomodada sem saber a razão, decidiu:

— Preciso ir antes que desista. É isso que quero e preciso fazer para ser feliz.

Sem se dar conta, assumia perante Deus o débito de um assassinato frio e calculista, o aborto. Desceu e, após tomar café junto com sua mãe, despediu-se dizendo:

— Mãe, não se preocupe comigo. Não devo demorar. Estarei de volta no final da tarde.

— Aonde você vai assim tão cedo, Sueli?

Sem responder, deu um beijo em Sílvia e rapidamente foi ao encontro de Gilberto.

Sílvia pensou: "Meu Deus, proteja minha filha. Tenho um pressentimento ruim. Permita, Senhor, que nada de mal lhe aconteça. Que ela não perca a razão para não cair nos desvarios da leviandade".

Assim que chegou, avistou Gilberto, que conversava com uma mulher.

— Estou atrasada? – perguntou Sueli.

Friamente, Gilberto respondeu:

— Sueli, esta é D. Aparecida, que irá ajudar você a se livrar do problema.

A senhora apertou a mão de Sueli, dizendo:

— Fique tranquila, estou acostumada com esse procedimento, vai dar tudo certo.

Sueli estranhou.

— Nós não vamos para o hospital, Gilberto?

Sorrindo, Gilberto respondeu:

— Em que mundo você vive, Sueli? É obvio que não. Não tenho dinheiro para pagar um hospital, e depois você sabe que isso é proibido e que tudo se faz por debaixo dos panos, não é?

— Mas eu pensei que seria com um médico.

— Pensou errado, meu amor. D. Aparecida é experiente, não vai haver problema algum. Vamos – disse Gilberto, ignorando a tristeza que brotou dos olhos de Sueli.

Hortência, apesar de empregar todos os esforços, nada conseguiu. Afastou-se.

— E onde será?

— Na minha casa, garota – respondeu Aparecida. – Vamos, que eu tenho mais dois para hoje.

— A senhora tem mais dois?

— Claro, menina, vivo disso, é natural. As meninas brincam perigosamente e depois vão correndo à minha casa para que eu tire o que a inconsequência delas implantou.

Gilberto começou a ficar irritado e disse:

— Por favor, vamos acabar logo com isso. Tenho compromisso, e não posso ficar aqui todo esse tempo.

Seguiram até a casa de D. Aparecida. Assim que chegaram, Sueli teve uma sensação estranha. Aparecida, percebendo o desconforto de Sueli, perguntou:

— Não gostou?

— Não, senhora, apenas achei tudo muito estranho.

— Estranho por quê? Aqui não se faz bolos de festa, Sueli, aqui se acaba com a festa de quem se entregou ao desejo levianamente e se complicou.

Sueli continuava sentindo um mal-estar. Aparecida aproximou-se de Gilberto e lhe falou ao ouvido:

— Essa vai dar trabalho.

— Mas você tira de letra.

— As outras que trouxe eram mais calmas, sabiam bem o que queriam. Essa não sei, não.

— D. Aparecida, a senhora cobra, e muito bem, portanto, não precisa analisar a personalidade de Sueli, apenas cumpra o que se propôs a fazer, já que eu paguei para ser feito.

— Calma, meu rapaz. Você me conhece há tempos. Fiz muito serviço para você, não vai ser agora que vamos nos desentender.

— Está certo, comece então – disse Gilberto, visivelmente irritado.

Lugar simples, a casa nada possuía de atrativo; ao contrário, exibia uma limpeza restrita que mostrava o desmazelo dos moradores.

Sueli se sentiu enjoada: "Que lugar feio", pensou. "Será que Gilberto não poderia arrumar outro lugar com um ambiente mais agradável?"

Fez um sinal para Gilberto, que se aproximou e ouviu-a dizer:

— Gilberto, você não poderia ter encontrado um lugar mais apropriado, com mais higiene? Receio fazer esse procedimento neste lugar.

Gilberto, cada vez mais nervoso, respondeu:

— O que você quer, Sueli? Tudo isso custa caro, e não tenho condições de bancar seu luxo. É melhor colaborar e tudo sai a contento.

— Mas eu pensei que...

Sem deixar Sueli acabar de falar, Gilberto pegou-a pelas mãos e levou-a até onde D. Aparecida estava esperando para cometer o vil delito.

O aborto delituoso, provocado sem justa causa, é crime estarrecedor, porque a vítima não tem voz para suplicar piedade e nem braços robustos com que se confie aos movimentos da reação (*Religião dos Espíritos* – Emmanuel – Chico Xavier).

Cada um dos envolvidos comprometia-se com as leis divinas, as quais seriam cobradas mais tarde, ato tão cruel com consequências graves. Impedir a vida de seguir seu curso natural é violar sobremaneira as leis do Criador, que tem como fundamento o amor ao próximo.

Sueli, assim que deitou na cama, esqueceu o que a incomodava e só pensava que em poucos minutos estaria livre dessa gravidez incômoda. Mas não foi bem assim. Quando o sangue expelido saiu, revelando a consumação do delito, Sueli, sem razão aparente, sentiu uma imensa fraqueza, o que para Aparecida era sem explicação, já que tudo correra bem.

— O que ela está sentindo, D. Aparecida? – perguntou Gilberto, visivelmente irritado e preocupado.

— Para ser sincera, Gilberto, eu não sei. Tudo correu muito bem. O que está acontecendo é uma hemorragia, mas logo vai passar, é só ela fazer repouso e tudo ficará bem.

— Isso é grave? – perguntou Gilberto, não gostando nada do que estava vendo.

— Mais ou menos – respondeu Aparecida, demonstrando claramente que não entendia de nada, e que tudo o que fazia clandestinamente não passava de um desvario, de um costume pernicioso que visava apenas à especulação e ao dinheiro que recebia dos incautos e daqueles que não temem, mas deveriam, a justiça do Senhor.

— Qual é o procedimento agora? – perguntou Gilberto, preocupado.

— O ideal seria vocês procurarem um hospital, porque isso pode se agravar, e eu não tenho como tratar dela nessas circunstâncias.

Sueli, sentindo-se debilitada, chorava receosa do que na verdade significaria essa hemorragia.

— Mas como vou levá-la ao hospital e como explicar, dizer que ela acaba de praticar um aborto? A senhora sabe que essa prática é ilegal, não sabe, D. Aparecida?

— Sei, sim, Gilberto, mas não vou poder fazer nada. Isso nunca aconteceu comigo. Sugiro que a leve a um hospital com urgência e, por favor, não fale em meu nome – disse Aparecida, com medo do que poderia sofrer se descobrissem que ela atendia quem a procurasse.

Sueli ouvia tudo e cada vez ficava mais nervosa. Temendo por sua vida, pediu a Gilberto que a levasse para casa.

— Mas e seus pais, Sueli, o que vão dizer? Como vai explicar o que aconteceu?

— Não vou explicar nada, apenas vou dizer a verdade, chega de tanta mentira.

— Você é quem sabe, quero apenas que não me comprometa. A decisão foi sua, eu apenas a trouxe, ficou bem entendido?

Sueli parecia que não escutava o que Gilberto dizia.

— Vamos, Gilberto, cada vez me sinto pior. Meus pais saberão o que fazer, eu só quero viver. Leve-me até eles – pediu.

Gilberto amparou Sueli e ia saindo quando Aparecida novamente falou:

— Se disser meu nome, vou desmentir. Será a minha palavra contra a sua.

Gilberto não respondeu. Ainda não acreditava que tudo dera errado, e agora não sabia o que fazer.

— Em que enrascada fui me meter? – dizia a si mesmo, preocupado com o que estaria por vir se Sueli falasse a verdade.

O aborto provocado é um crime, qualquer que seja a época da concepção?

Há sempre crime quando se transgride a lei de Deus. A mãe, ou qualquer outra pessoa, cometerá sempre um crime ao tirar a vida da criança antes do seu nascimento, porque isso é impedir a alma de passar pelas provas de que o corpo devia ser o instrumento (*O Livro dos Espíritos* – Cap. VII – Per. 358).

Chegando à casa de Sueli, Gilberto tocou a campainha e, ansioso, esperou que alguém atendesse. Foi Jandira quem abriu a porta e de imediato reconheceu Sueli encolhida em um canto do carro de Gilberto.

— Sueli, o que está fazendo aí, toda encolhida? – perguntou Jandira.

Assustada, Sueli respondeu:

— Jandira, por favor, chame minha mãe. Estou sangrando e preciso de um médico.

— Você disse sangrando? – repetiu Jandira, sem acreditar no que acabara de ouvir.

— Sim, mas não demore, Jandira, eu não estou bem.

— Mas por que isso, Sueli? O que você fez para isso acontecer?

— Agora não vem ao caso. Estou com muita dor e preciso de um médico. Chame minha mãe depressa, Jandira.

Assim que Sílvia viu o estado da filha, pediu a Gilberto que a ajudasse a colocá-la em seu quarto, o que ele fez rapidamente. Vendo-a deitada e já protegida em sua casa, Gilberto despediu-se o mais rápido que pôde, sem dar chance de Sílvia indagar o que de fato tinha acontecido.

— Nossa, D. Sílvia, parece até que ele estava fugindo. Saiu tão rápido.

— É mesmo, Jandira, mas quem vai nos dizer o que está acontecendo é Sueli, e sem demora – falou olhando para a filha.

— Mãe, deixa isso para depois, agora eu quero apenas descansar – falou Sueli, tentando também deixar para depois o que era inevitável: contar o que levianamente havia feito. Fechou os olhos para se isolar do questionamento, e Sílvia, preocupada, ligou para Jonas.

— Não sei o que aconteceu, Jonas, mas creio ser algo muito grave, ela está com hemorragia, muito pálida, penso que seria melhor levá-la ao hospital. Você poderia vir?

— Evidente que sim. Vou fazer melhor: passo no consultório do Dr. Marcelo e levo-o comigo para examiná-la. Vamos ver o que ele acha.

— Perfeito, Jonas, faça isso, mas faça depressa. Estou com um mau pressentimento.

— O quê?

— É isso que você ouviu. Alguma coisa está me dizendo que é grave, por favor, venha logo.

Desligou o telefone e voltou para perto de Sueli, que continuava de olhos fechados, como se quisesse se isolar do mundo. Jandira, sentada em um canto do quarto, orava ao Senhor, pedindo auxílio. Assim como Sílvia, também pressentia algo mais grave.

— Isso não está me parecendo coisa simples, Jandira. Receio que seja algo muito grave, mas o que será? Gilberto saiu tão apressado que nem deu tempo para eu perguntar o que tinha acontecido.

— Reparei que ele estava com a fisionomia assustada, e apressado demais, como se tivesse medo de ter que dizer a verdade.

— Mas logo a verdade vai aparecer, Jandira. Jonas foi buscar o Dr. Marcelo para examiná-la, logo estarão aqui.

Sueli, ao ouvir o nome do médico, se apavorou. "Meu Deus", pensou, "o que faço agora? Não vou precisar nem falar, ele vai saber de imediato assim que me examinar. Onde eu fui me meter, meu Deus? Gilberto falou que era tudo tão simples, e olha no que deu". Permanecia sempre de olhos fechados para evitar o questionamento de Sílvia.

Mais ou menos uma hora depois, Jonas chega acompanhado do Dr. Marcelo, que, após examinar Sueli com cuidado e minuciosamente, perguntou:

— O que você fez, menina?

— Eu... – Sueli não conseguia falar. – O que o senhor acha, doutor?

— D. Sílvia, sinto muito ter que lhe dizer o que acho que nenhuma mãe gostaria de ouvir. Sua filha acaba de fazer um aborto.

— Espera, doutor, eu não entendi direito. O senhor disse aborto, foi isso?

— Sim, D. Sílvia. Gostaria de não ter que afirmar isso, mas foi exatamente o que sua filha fez: um aborto.

Jonas não conseguia balbuciar nenhuma palavra. Seus olhos, assim como os de Sílvia, encheram-se de lágrimas diante daquela situação, que eles jamais pensaram que um dia pudesse acontecer.

— Filha, o que você foi fazer? Por que fez isso?

— Não sei, pai, por medo, talvez, não sei. Tive medo de que soubessem que eu estava grávida.

— E por conta do medo mata um ser indefeso, nosso neto! – exclamou Jonas, quase desesperado.

— Filha, por que nunca confia em seus pais? – indagou Sílvia. – Nada disso precisaria acontecer.

— Bem, D. Sílvia, sugiro que a leve para o hospital. Ela está com uma hemorragia considerável, e, pelo que pude ver, ela está bem machucada. Precisa se internar, aqui não disponho de recursos. Vamos fazer isso imediatamente.

Em pouco tempo Sueli estava na UTI do hospital. Sílvia, Jonas e Jandira voltaram para casa, cada um levando em seu coração a indignação e o medo de não ser possível reverter o quadro, que foi considerado grave.

— Por que, meu Deus, ela foi fazer isso? – perguntou Sílvia. – Transgrediu as leis de Deus, gerou para si mesma o sofrimento, pois ninguém consegue dormir em paz tendo nas costas atitudes tão cruéis.

— Não sei responder, querida, estou tão indignado quanto você. Há muito tempo não conseguimos entender a cabeça de nossa filha. Suas razões para agir sempre ao contrário do que lhe ensinamos, a sua teimosia, enfim, sempre agiu por conta própria, do jeito que achava conveniente, mas dessa vez ela foi longe demais. Acabou com a vida de um ser completamente indefeso. Não sei, querida, não sei mesmo responder.

Jandira, que até então se mantivera em silêncio, pediu licença e falou:

— Eu desconfiei da gravidez de Sueli, mas ela negou com tanta veemência que acabei acreditando nela. Agora, o que devemos fazer é orar e pedir ao Pai Maior que lhe salve a vida.

— Tem razão. Não vai adiantar nada ficar fazendo conjecturas. Agora é hora de nos unirmos em uma corrente de fé e pedir a Deus por clemência, auxílio para enfrentar este vendaval, e, se for da vontade Dele, que a vida de Sueli seja preservada.

— Tem razão, Jandira, como sempre. Vamos para casa. O Dr. Marcelo ficou de nos manter informados quanto a seu estado. Amanhã cedo voltamos.

Levando nas costas o peso do sofrimento, chegaram em casa. Cada um levava no coração um sentimento. Parecia-lhes que o mundo de certa forma desmoronava em torno deles.

Para Sílvia e Jonas, era como se um vendaval retirasse de sua vida a felicidade, a esperança de dias melhores, pois sabiam que dificilmente tudo voltaria a ser como antes. A marca dessa inconsequência de Sueli ficaria para sempre em seu coração e, principalmente, no de Sueli.

"Quanta insensatez", pensou Jonas. "Por que ela foi se envolver novamente com aquele rapaz? Com certeza deve ser o pai e, mais certeza ainda, deve ter forçado Sueli a cometer esse absurdo, essa crueldade. Como vou conseguir esquecer, meu Deus?"

Chegando em casa, foram até o quarto de Sueli tentando encontrar alguma coisa que explicasse tamanho desatino. O que viram foi a cama manchada de sangue, roupas espalhadas e um pequeno caderno em cima do móvel, ao lado da cabeceira.

Abriram para ver o que continha e, logo na primeira página, viram escrito: "Hoje vou matar alguém e vou morrer, que Deus me perdoe".

— O que ela quis dizer, Jonas? – perguntou Sílvia, tremendo.

— Ela quis dizer que faria o aborto, Sílvia, e que a partir daí iria se sentir como uma morta, sem esperança, sem futuro, sem vida. Isso foi o que ela quis dizer.

— Nossa filha, a única filha, caindo no abismo da inconsequência, sem direito a volta – disse Sílvia.

— Não fale assim, D. Sílvia. Lembre-se de que Deus não é o Pai da vingança, do castigo, mas o Pai amoroso que concede a todas as suas criaturas nova oportunidade de redenção – disse Jandira. – Todos nós recebemos outra chance de renovação. Sueli também vai ser agraciada com uma segunda chance. Vai depender dela, da sua capacidade de perdoar a si mesma, e partir em busca da própria reforma íntima, mas isso não quer dizer que deixará de sofrer a reação da ação praticada, a lei de causa e efeito, D. Sílvia. Nenhum de nós foge da lei que não possui dois pesos e duas medidas.

— Será que ela vai melhorar? Receio ser mais grave do que pensamos.

— Vamos orar e entregar nas mãos de Deus, na sua misericórdia, na sua complacência e acreditar com fé.

— Amanhã logo cedo vamos até o hospital – disse Jonas.

— Não sei se conseguirei dormir sabendo que minha filha está em uma UTI.

— Mas é importante pensarmos sempre no bem e nos preparar para, quando ela voltar, iniciar uma vida diferente ao seu lado.

— Você está certo, Jonas. Vamos ficar mais presentes, mais atuantes na sua vida, mas o que a gente faz com essa tristeza que se abateu sobre nós? -- perguntou Sílvia.

— Essa tristeza, D. Sílvia, a gente entrega para Jesus, porque sofrimento com Jesus é sofrimento equilibrado. Temos que nos manter fortes para direcionarmos Sueli para o caminho do amor, e não simplesmente do desejo – respondeu Jandira.

No hospital, Sueli sentia em seu peito a dor da angústia. Pensava: "Qual a razão de sentir essa melancolia, esse vazio, se tinha conseguido o que queria?".

— Era para eu me sentir feliz – dizia a si mesma. – Por que não estou me sentindo como eu esperava? O que me impede de me sentir feliz? Vou ter de novo minha vida da maneira que gosto ao lado do Gilberto, nossas tardes com os amigos. Sei que agora ele vai me tratar com mais carinho, nada mais o impede de agir assim.

Os sentimentos de seus pais e os de Sueli se embaralhavam a tal ponto que os caminhos que iriam percorrer a partir daquele momento dificilmente se cruzariam.

Sílvia e Jonas, abalados com o acontecimento, demoraram a pegar no sono. Os primeiros raios de sol entrando pela janela do quarto acordaram o casal, lembrando-lhe que um novo dia amanhecera, um novo momento na vida dos dois, que poderia amenizar a dor que sentiam se percebessem que a noite, por mais turbulenta que tivesse sido, jamais impediria o dia de nascer. Assim também são as nossas emoções e dores, se acreditarmos que na vida tudo passa, menos Deus, e Ele é suficiente para acalmar nossa alma. Instalamos dentro de nós a coragem e a fé para prosseguir a jornada sem nos afundar em águas rasas.

20

A extirpação

A ansiedade tomou conta de Sílvia e Jonas. Temiam receber notícias de Sueli, receavam não serem as que esperavam por conta da severa hemorragia que sofrera.

— Não pensem o pior – dissera-lhes Jandira. – Pensem na saúde de Sueli. É o que podemos fazer por ela, enviar somente vibrações de amor e cura.

— Você está certa, Jandira. Às vezes a ansiedade nos tira a razão – concordara Sílvia.

— Você quer nos acompanhar, Jandira? – perguntara-lhe Jonas.

— Posso?

— Claro que sim, Jandira, por que a dúvida?

— Não sei, Dr. Jonas, é um momento de conflito, e não quero me impor.

— Por favor, Jandira – falou Sílvia –, você está sempre conosco, em todos os momentos. Por que não estaria agora, que para mim e Jonas é um dos piores que já passamos?

— Obrigada, vou me arrumar e volto em um instante.

— Vai, sim, Jandira, ficamos esperando por você.

Chegando ao hospital, foram direto para a recepção da UTI. Cada um tentava controlar sua ansiedade para poupar o outro, mas no fim sentiam todos a mesma coisa, ou seja, temiam pela vida de Sueli, já que o doutor havia dito ser grave seu estado.

Permaneceram próximos à porta da UTI, esperando pela visita do médico. Passados longos minutos de espera, Dr. Marcelo veio falar com eles:

— Então, doutor, como está nossa filha?

— Seu estado não é muito bom. Diria que é grave, mas está estável.

— Mas o que de fato aconteceu para Sueli estar assim, nesse estado?

— Provavelmente a pessoa que fez o aborto usou uma colher de curetagem, o que ocasionou a perfuração do útero, e a artéria do útero pode ter sido atingida. Se a hemorragia não for estancada será necessário fazer uma intervenção, uma histerectomia, ou seja, a extirpação do útero. O aborto – continuou o médico – é a morte violenta de um ser humano e traz consequências.

Sílvia e Jonas não conseguiam falar ou questionar nada, tamanhas eram a aflição e a tristeza que se instalaram em seu coração.

— Ela corre risco de vida, doutor? – perguntou Jandira, já que nenhum dos dois conseguia recobrar o equilíbrio.

— Sim, há um risco de vida, mas vamos considerar que tudo vai acabar bem. Quero que os pais autorizem a intervenção, caso seja necessário.

— Dr. Jonas, escutou o que disse o médico? É preciso dar autorização caso seja necessário extirpar o útero de Sueli.

— Claro – desculpe-me, doutor. – Estou praticamente sem condições de entender o que quer que seja, mas está autorizado, sim. O que nós queremos é que salve nossa filha.

— Pois bem – respondeu o médico –, vá até a recepção e assine a autorização. Agora, se me permitem, vou até a paciente.

Ao fazer menção de sair, Sílvia levantou-se e, pegando as mãos do médico, disse:

— Doutor, pelo amor de Deus, salve nossa filha.

— Fique tranquila, farei tudo o que estiver ao alcance da medicina para salvá-la. Entregue seu sofrimento a Deus, senhora, Ele sempre está no comando.

— Que Jesus direcione sua mão, doutor.

Marcelo sorriu, tentando aliviar a dor daquela mãe sofrida. Voltou-se e foi direto ver a paciente. No trajeto, pensou: "Por que os jovens hoje em dia brincam tanto com a sorte? Cometem atos perigosos, se infiltram em lugares duvidosos, se entregam uns aos outros sem proteção, sem responsabilidades, apenas movidos pelo desejo. Estão cada vez mais irresponsáveis e levianos, e não percebem o sofrimento dos pais em relação às atitudes imprudentes deles. Aí, quando a dor os visita respondendo aos atos praticados, embranquecem os cabelos dos pais e os jogam no lamaçal da dor".

Encontrou Sueli com o olhar perdido, dando a impressão de que estava fugindo para bem longe das aflições que estava vivendo.

— Bom dia, Sueli, como está? – perguntou Dr. Marcelo.

— Sinto muita dor, doutor. Não sei qual é a pior, se a dor física ou a dor moral por trazer tanto sofrimento para meus pais.

— Que bom que tomou essa consciência, minha jovem. Isso com certeza irá ajudá-la a reavaliar seus conceitos, suas atitudes, e isso é bom. A vida sempre nos ensina. É só ter olhos para ver e coração para sentir.

Sueli ia responder, mas o médico, não dando abertura, levou a conversa para o que era importante no momento.

— Vamos esperar mais quarenta e oito horas com os medicamentos e ver se conseguimos reverter esse quadro, Sueli. Caso contrário, vamos fazer a intervenção.

— E isso quer dizer o quê?

— Quer dizer que teremos que extirpar o seu útero.

Sueli ficou pálida. Dr. Marcelo percebeu e perguntou:

— O que foi? Está se sentido mal?

— Não, doutor, apenas não gostei quando o senhor disse retirar o útero.

— Mas essa possibilidade existe, sim, Sueli. O importante é salvar sua vida.

— Meu Deus, o que fui fazer! – exclamou.

— Que bom que tomou consciência do estrago que atingiu você mesma e também outro ser que queria apenas viver, mas agora, Sueli, é lutar pela sua vida.

Sueli chorou. Sabia quanto havia sido leviana em suas atitudes, não pensara no que poderia acontecer porque apenas queria viver intensamente, satisfazer seus desejos. Agiu sem pensar quando decidiu pelo aborto. Com o propósito de se ver livre de uma gravidez indesejada, comprometeu sua saúde física e, principalmente, desrespeitou as leis divinas, sofrendo as consequências da lei de causa e efeito.

Marcelo observava Sueli e pensava: "Tão nova e já passando por problemas tão sérios. Aonde vai essa juventude se não parar com tanta insensatez?". Após reavaliar a paciente, Marcelo ausentou-se do local. Passando pela sala de espera, verificou que os pais de Sueli ainda estavam sentados no mesmo lugar, esperando talvez por um novo boletim médico. Aproximou-se deles.

— Então, doutor, algum fato novo?

— Não, Sr. Jonas. Sueli continua estável, e isso considero muito bom. Por que não vão para casa descansar? Sua filha está medicada, e agora temos que esperar. Amanhã terão novas notícias sobre seu estado.

— O senhor tem razão. Aqui não podemos fazer nada, nem vê-la. Se houver alguma novidade o senhor nos avise, por favor.

— Estejam certos disso.

Saíram levando no coração ainda forte a incerteza do que poderia acontecer. Assim que chegaram, Jandira foi preparar uma refeição, enquanto Sílvia e Jonas conversavam na sala.

— Jonas, estou muito preocupada com o estado de Sueli. O que acha de tudo isso?

— Não sei, Sílvia, estou ainda anestesiado por tudo isso. De repente nossa filha fica internada por conta de um aborto, ainda por cima, malfeito, um procedimento de risco. Penso que Sueli não morreu porque Deus não quis realmente. O que essa menina fez, junto com aquele cafajeste do Gilberto, era para causar o pior.

— Você acha que Sueli ainda vai querer ficar com esse rapaz?

— Não sei, Sílvia, mas não vou aceitar tamanha irresponsabilidade. Se isso acontecer, serei obrigado a interferir mais fortemente. Quando tudo isso passar, vamos ter uma conversa definitiva com Sueli. Chega de tanta leviandade.

— Você está certo – concordou Sílvia. – Precisamos colocar limites.

Os jovens são a esperança de um mundo melhor e mais humano, mas, se continuam brincando de viver com a leviandade de costumes negativos, se afundando em prazeres físicos desregrados, o que iremos ver daqui a alguns anos?

É preciso que a juventude seja usada para o bem, para construir o mundo do futuro; é preciso se conscientizar de que todos têm o mesmo direito à grande casa de Deus. Necessário se faz preparar-se para viver o amor cristão. Aí está a conquista da verdadeira felicidade, permitir que a vida pulse em todos os cantos do planeta, porque assim Deus o quer.

Sueli acordou com Dr. Marcelo ao lado de seu leito.

— Como está se sentindo, Sueli?

— Não muito bem, doutor. Sinto-me cada vez mais fraca, como se fosse perdendo minha energia. É estranho, não sei explicar direito.

— Não precisa, imagino como está se sentindo. Quero lhe dizer que, como eu imaginava, a artéria do útero foi atingida. Não conseguimos estancar a hemorragia, portanto, vamos fazer a cirurgia.

— O senhor está dizendo que vai retirar o meu útero?

— Sim, Sueli, isso mesmo.

— Mas, doutor, o senhor não pode fazer isso. Se mais tarde eu quiser ter um filho, como vai ser se eu não tiver o útero?

Com paciência, Marcelo disse:

— Sueli, a sua imprudência tirou de você a possibilidade de gerar outro filho. Desprezou a vida, agora não será mais possível abrigar outra.

— Eu não quero operar – disse Sueli, irritada.

— Sinto muito, agora não é mais uma questão de querer ou não. Agora é preciso preservar sua vida.

Sueli se deu conta do seu grave erro. "Meu Deus, por que fui fazer o que fiz?", pensava em desespero.

Um vazio profundo se fez em seu peito. Não sentia a felicidade que imaginou sentir. Ao contrário, sentenciou para si mesma não mais poder gerar uma criança. Lembrou-se de Gilberto e permitiu que o sentimento de raiva se instalasse em sua mente. "Ele foi culpado, não quis assumir e me jogou nesse inferno, mas isso não vai ficar assim, ele vai me pagar, isso vai." Seus pensamentos se desencontravam e, sem que percebesse, entrou na inconsciência da anestesia.

Sílvia e Jonas, chegando ao hospital, foram avisados de que Sueli estava em cirurgia.

— Meu Deus – falou Sílvia –, ela deve ter piorado.

— Calma, Sílvia, vamos aguardar. Sabíamos que isso poderia acontecer, vai dar tudo certo.

— Isso mesmo, D. Sílvia, vamos orar e aguardar com confiança – disse Jandira.

Permaneceram na sala próxima ao centro cirúrgico até que finalmente Dr. Marcelo, ao terminar a cirurgia, veio falar com eles.

— Então, doutor, como ela está?

— Fiquem tranquilos, deu tudo certo. Ela vai ficar na sala de recuperação por vinte e quatro horas. Amanhã virá para o apartamento e vocês poderão ficar com ela.

— Mas ela está bem mesmo, doutor?

— Sim, D. Sílvia, o útero foi retirado, ela passa bem, deu tudo certo.

— Graças a Deus!

— Nossa filha vai viver, Sílvia – disse Jonas, emocionado. – Recebemos uma graça.

— É verdade, Jonas. Rogo a Deus que Sueli aprenda a lição, passe a viver de uma maneira mais equilibrada, aproxime-se mais de nós, enfim, que seja receptiva aos nossos conselhos e que esqueça de uma vez por todas esse Gilberto, que nada de bom trouxe para ela.

— Tem razão, também espero que isso aconteça.

Retornaram para casa com o coração mais sereno. A esperança voltou àqueles pais que tanto sofreram com as atitudes levianas da filha.

No dia seguinte, logo cedo, estavam no hospital, ansiosos para ver Sueli. Chegaram no instante em que estava sendo colocada na cama. Assim que as enfermeiras saíram, aproximaram-se da filha.

— Então, filha, como está se sentindo?

— Estou bem, pai, com a cabeça um pouco zonza, acho que por conta dos remédios que estou tomando. O médico disse que é normal.

— Graças a Deus, filha, deu tudo certo. Você vai se recuperar e logo estará novamente em casa.

— É, sim, filha – falou Sílvia. – Você precisa ter paciência, a recuperação é importante. É preciso seguir à risca a recomendação do médico para evitar complicações.

— Eu vou seguir, mãe.

Sueli sabia que chegaria a hora de conversar com seus pais sobre tudo o que acontecera. Para evitar que fosse naquele momento, falou:

— Vocês não se incomodam se eu dormir um pouquinho?

— Claro que não, filha. Durma, sim, descanse. Estaremos aqui do seu lado, velando você.

— Obrigada aos dois. Sou muito grata por tudo o que fizeram e fazem por mim desde sempre.

— Não nos agradeça, Sueli – falou Sílvia. – Fizemos porque a amamos muito e queremos seu bem e sua felicidade.

Sueli fechou os olhos e adormeceu.

Sílvia ficou ao lado da filha todos os dias. Em uma linda manhã de terça-feira, Dr. Marcelo entrou no quarto e, com um sorriso largo e franco, disse para Sueli:

— Alegre-se, tudo correu muito bem e você pode ir para casa.

— Está me dando alta?

— Sim. Estou lhe dando alta, mas vai precisar se cuidar, porque está muito recente, e deverá tomar alguns cuidados. Você sofreu uma cirurgia e o pós é muito importante. – Dirigiu-se a Sílvia e continuou: – Vou passar uma receita e toda a orientação dos cuidados que Sueli deverá ter. É simples, nada de mais, apenas repouso, tomar os medicamentos nas horas certas e respeitar seu corpo, que sofreu uma agressão. Quero vê-la daqui a quinze dias. Qualquer imprevisto, é só me telefonar.

— Obrigada por tudo, doutor, obrigada por salvar nossa filha.

Dr. Marcelo dirigiu-se a Sueli e disse:

— Juízo, menina, respeite-se.

Ele se despediu.

Durante todo o trajeto até sua casa Sueli manteve-se em silêncio. Sabia que teria de se explicar, resolver a situação com seus pais, receava por isso. Sílvia e Jonas também nada disseram durante todo o caminho.

Chegando em casa, foram recebidos por Jandira, que preparara uma deliciosa refeição com todo o carinho que lhe era peculiar. Com cuidado, levaram Sueli para o quarto e, assim que ela se acomodou, Jonas disse:

— Filha, precisamos conversar, não podemos fingir que nada aconteceu. O fato foi muito grave e tudo precisa ser esclarecido.

— Eu sei, pai, mas não podemos deixar essa conversa para amanhã?

— Por quê?

— Porque estou cansada, quero dormir, quero colocar minha cabeça no lugar, enfim, sei que precisamos esclarecer tudo, mas gostaria que fosse outro dia.

— Tudo bem, Sueli, mas amanhã sem falta. E, por favor, não invente nenhuma desculpa porque não vou aceitar.

— Obrigada, pai, agradeço a sua compreensão.

Sílvia e Jonas saíram do quarto.

— Ela sempre inventa uma desculpa, Jonas – disse Sílvia.

— Mas amanhã vamos esclarecer tudo de uma vez.

— Como Sueli está passando, D. Sílvia?

— Ela está bem, Jandira. Agora é seguir as orientações do médico, o que eu espero que ela faça.

— Com certeza ela irá seguir. O susto foi grande, o risco, maior ainda. A vida responde a todas as nossas agressões, D. Sílvia. Sueli vai aprender com os próprios erros.

— Assim espero, Jandira.

Gilberto andava de um lado para o outro. Não tivera notícias de Sueli desde o dia em que a levara para o nefasto procedimento do aborto.

— O que será que aconteceu com Sueli? – perguntava-se. – Não sei como obter notícias dela, a não ser que Bernardo saiba alguma coisa. Vou ligar para ele.

Bernardo, ao ouvir a voz de Gilberto, respondeu, sem tentar esconder sua irritação:

— O que você quer, Gilberto?

— Por favor, Bernardo, quero apenas saber de Sueli, como ela está, você deve saber de alguma coisa.

— Não sei, e se soubesse não diria.

— Posso saber a razão?

— Pode. Você não tem o menor escrúpulo, Gilberto.

— Espera aí, por que está falando assim comigo? O que foi que eu fiz?

— Gilberto, estou sabendo de tudo. Você não quis assumir o filho que Sueli estava esperando e deve ter exigido que tirasse o bebê rejeitado, não?

— Espere aí. Como você ficou sabendo desse filho se nem para os pais ela contou, posso saber?

— Fiquei sabendo por ela mesma.

— Você está blefando – falou Gilberto, completamente nervoso.

— Não, Gilberto, não estou blefando. Foi a própria Sueli quem me contou quando foi me procurar desesperada, porque não sabia o que fazer, já que você não queria assumir a criança. Contou-me também da sua sugestão de fazer o aborto. Como vê, não estou blefando, só sinto não ter conseguido evitar que fizesse esse ato tão cruel e que estará para sempre na sua memória e no arrependimento que virá.

Gilberto não sabia o que dizer, como se explicar. Tentou ainda conseguir que Bernardo falasse sobre o estado de Sueli, mas foi em vão. Bernardo foi duro ao se despedir, dizendo:

— Passe bem, Gilberto, se conseguir conviver com sua irresponsabilidade.

Gilberto pensava: "Preciso falar com ela, saber como está, o que aconteceu após eu tê-la deixado na casa dos pais dela, mas como vou fazer isso? Vou tentar telefonar, vamos ver no que dá".

Discou o número de Sueli, mas quem atendeu foi Sílvia.

— Boa tarde – disse. – Poderia falar com Sueli?

— Quem deseja falar com ela? – respondeu Sílvia.

— Sou amigo dela, queria saber como está passando. Faz um bom tempo que não nos falamos.

— O seu nome, por favor.

— Gilberto!

— Não, Sr. Gilberto, Sueli não pode atendê-lo. Gostaria que não ligasse mais porque o senhor não é bem-vindo e Sueli não irá atendê-lo.

Irritado, Gilberto respondeu:

— Pode pelo menos me dizer como ela está? Estou preocupado com ela.

— Preocupado? – perguntou Sílvia ironicamente. – A mim não interessa sua preocupação, passe bem.

Desligou o telefone e ouviu a voz de Sueli.

— Quem era, mãe?

— Gilberto.

— Por que não me chamou? Queria falar com ele.

— Por favor, Sueli, vamos colocar um ponto final nessa história. Não vai querer insistir nessa, vamos dizer, amizade, porque, se assim for, tomaremos providências severas.

Naquele instante Jonas, que acabara de chegar, ao ouvir as palavras de sua esposa, completou:

— Sua mãe tem razão, Sueli. Não vamos mais permitir que esse rapaz faça mais estragos em sua vida do que já fez. Agora é o momento de você tomar um decisão, filha, mas uma decisão acertada, pensada, convicta. Estaremos ao seu lado, sempre atentos, e não deixaremos que caia novamente na leviandade.

"É melhor ficar quieta e concordar", pensou Sueli. "Estou muito fraca para discordar."

— Não se preocupem, pai, mãe. Não tenho intenção alguma de voltar com o Gilberto.

— Espero que faça isso, minha filha. Não tem cabimento a maneira como esse rapaz agiu com você.

Sueli por uns instantes deixou que as lembranças povoassem sua mente. Como um filme, via as atitudes de Gilberto passarem diante de seus olhos, deixando marcas de angústia em seu coração.

"Meus pais tem razão", pensou. "Não posso mais permitir que Gilberto direcione a minha vida. Ficou claro que ele não sente mais nada por mim a não ser desejo e posse. Preciso retomar minha dignidade."

Sílvia percebeu que a filha travava uma luta interna consigo mesma.

— Filha, o que está pensando ou sentindo? Ficou silenciosa de repente... Confie em seus pais.

Sueli, em um ato de intensa carência, abraçou Sílvia e chorou.

— Não fique assim, filha, divida conosco seus medos, sua fragilidade em tomar a decisão mais acertada, sua incerteza. Sei que esse rapaz ainda provoca em você uma sensação de felicidade, um desejo interno, mas é preciso lutar contra isso, retomar as rédeas de sua vida para conseguir conquistar sua felicidade.

— Tenho vontade, mãe, mas é como se uma força gigantesca me empurrasse para Gilberto sem me dar chance de pensar e vencer, vencer... Essa é a questão. Não consigo vencer a mim mesma.

Agora foi a vez de Jonas abraçar a filha. Colocou a cabeça dela em seu peito e com carinho foi passando as mãos em seus cabelos, como fazia quando Sueli era apenas uma criança. Sueli foi cada vez mais se aconchegando nos braços do pai. Sentia segurança e proteção naqueles braços fortes e amáveis.

— Obrigada, pai. Sei que vocês são e sempre serão meu porto seguro. Lamento não ter percebido e valorizado isso antes de tudo acontecer. Agora é tarde, eu sei, o erro já aconteceu e não tem volta. As marcas que ficaram serão para sempre a lembrança da violência cometida, violência essa que tirou de uma vez por todas a minha chance de um dia gerar um filho. Essa dor – continuou – vou levar para sempre em meu coração.

— Filha, que bom que você está tomando consciência dos seus enganos. Agora é preciso perdoar a si mesma para prosseguir sua vida com mais equilíbrio e amor, com mais dignidade cristã, sem manchar seu caminho com leviandade, mas enfeitando-o com o perfume das flores do campo que nascem e perfumam o ar que respiramos, sem se importar com aqueles que não a enxergam ou não lhe dão valor.

— Muito lindo o que você falou – disse Sílvia.

Jonas apenas sorriu.

— Agora, Sueli, gostaria que você nos explicasse por que não nos disse que estava grávida.

Sueli sentiu seu rosto enrubescer. Envergonhava-se. Timidamente respondeu:

— Não sei, pai. Tive receio da reação de vocês. Achei que resolveria isso sozinha, mas não deu certo.

— Filha, o aborto nunca é a solução. Ao contrário, é uma agressão contra alguém completamente indefeso. Sempre deixa marcas de angústia e arrependimento no coração de quem o pratica.

— Agora eu sei disso! – e, chorando, Sueli disse aos pais: – Me perdoem, por favor, agi impensadamente. Fui tola e leviana, e agora vou pagar pelo resto da minha vida por esse erro.

Sílvia e Jonas sentiram compaixão por Sueli, que imprudentemente caíra na armadilha do desejo sem limites.

— Filha – disse-lhe Sílvia –, dói em meu coração dizer-lhe isso, mas somente colhemos o que plantamos. É a lei, não podemos mudar, mas podemos começar a escrever outra história com mais sabedoria, mais amor e mais respeito quando nos conscientizamos de que nos enganamos, quando temos a humildade de entender e aceitar que erramos e temos a coragem de mudar nossas atitudes, fazer o caminho de volta, sair do eu e aceitar que a vida somos nós.

Jonas olhou para a esposa encantado com suas palavras.

— É isso que sua mãe falou, Sueli. Vai depender somente de você querer sua felicidade, mas, para obtê-la, é preciso ter força para se livrar das tentações e emoções que o desejo sem limites nos impõe.

Sueli se calou. Sabia quanto era difícil para ela controlar o que sentia por Gilberto. "Parece uma doença", pensava.

— Pai, mãe, me perdoem, sei que não sou a filha que vocês queriam e merecem, mas tenho dificuldade de mudar, controlar meus anseios, ajudem-me.

Sílvia e Jonas, emocionados, abraçaram Sueli.

— Você é a filha que queríamos, Sueli. Vamos ajudar você, mas é preciso que confie em nós e, principalmente, perca o hábito de mentir. As tentações virão, as oportunidades também, mas a solução é simples. Precisamos apenas lembrar que Deus está no comando de todas as coisas.

Confiar e aguardar, mas sem deixar de fazer o que nos compete fazer, entendeu, filha?

— Muitas vezes – disse-lhe Sílvia –, a vida nos arrasta para as dificuldades e acreditamos que estamos andando para trás. Não devemos nos desesperar, pois isso significa que estamos sendo lançados para algo grande, maior do que poderíamos supor, como descobrir a nossa capacidade de superar e progredir.

21

A volta
ao pecado

Dois meses se passaram desde a cirurgia de Sueli. Gilberto ainda não conseguira falar com ela. Sílvia e Jonas não a deixavam sair sozinha, temendo a aproximação de Gilberto. Começaram a perceber a ansiedade e o nervosismo da filha e não entendiam a razão, até que Jandira, enquanto fazia a arrumação da casa, escutara Sueli sentada na varanda falando ao telefone. Prestando atenção, conseguiu identificar a pessoa que estava do outro lado da linha. "Só pode ser Gilberto", pensou. "O que ela está falando só faz sentido para alguém que a conhece bem e tenta de alguma maneira convencê-la."

Sueli, tentava falar baixo, mas, sabendo que sua mãe não estava em casa, despreocupou-se quanto a alguém escutá-la.

— Eu já disse que não consigo sair sozinha. Meus pais estão atentos, não adianta insistir.

Do outro lado da linha, Gilberto dizia:

— Estou com saudade de você. Não a vejo há muito tempo, desde a sua cirurgia. Quero que venha até meu apartamento o mais rápido que puder.

— Eu também estou com saudade, mas não tenho como ir, não adianta insistir.

— É melhor você dar um jeito, senão vou até aí buscá-la.

— Se você fizer isso, vai piorar as coisas. Espere, eu vou ver o que posso fazer.

— Lembre-se das nossas tardes e dê um jeito logo. Beijo.

— Outro pra você – disse Sueli.

Assim que desligou, Jandira entrou e perguntou:

— Quem era no telefone, Sueli? Alguma coisa importante?

— Não, Jandira, nada importante. Era uma amiga minha querendo saber como estou. Só isso.

— Ainda bem – respondeu Jandira, fingindo acreditar.

"Meu Deus", pensou, "quando Sueli vai tomar juízo? Está mentindo outra vez. O que mais vai precisar acontecer para ela mudar seu jeito de ser, a irresponsabilidade que a faz agir sempre de maneira leviana? Nesses dois meses parecia tão cordata, arrependida das suas atitudes! Entretanto, esse telefonema me faz crer que nada mudou de verdade. E não deve ser o primeiro. Preciso levar ao conhecimento de seus pais".

A espiritualidade está presente no mundo físico muito mais do que podem supor, auxiliando no possível e no permitido. Inspira os bons pensamentos, as boas obras, os sentimentos altruístas, mas cabe ao homem perceber a sutileza dessa doce influência dos amigos espirituais superiores, aproximando-se mais de Deus.

Apesar de todas as inspirações de Hortência, Sueli não conseguia perceber o caminho, e cada vez mais se afundava no abismo da mentira, do desejo insaciável, acreditando encontrar a felicidade no comportamento leviano da matéria. Quando isso acontece, quando se coloca a matéria acima do espírito, dá-se início ao sofrimento, porque antes de ser matéria o homem era espírito, e é o espírito que retorna a espiritualidade para a grande casa de Deus.

Assim que Sílvia e Jonas chegaram, foram direto ver como Sueli estava.

— Como passou o dia, filha? – perguntou Sílvia.

— Bem, mãe. Fiquei sentada na varanda, olhando para as flores e pensando na minha vida, em como está monótona, sem graça, sem estímulo.

— Por que pensa assim, filha?

— Ora, pai, vocês não me deixam ir a lugar nenhum. Não posso sair, não posso encontrar com minhas amigas. Sinto-me uma prisioneira na minha própria casa, e isso está me fazendo sofrer.

— Filha, você pensa assim?

— Claro! O que eu faço há dois meses? Nada.

Jandira escutava as reivindicações de Sueli e se perguntava aonde ela queria chegar.

— Mas, Sueli – disse Jonas –, você passou por um momento difícil, momento de aflição. Temos preocupação com você, cuidado para que nada mais de ruim aconteça.

— Pai, não é me prendendo aqui que as coisas vão deixar de acontecer. Eu preciso viver igual a todas as pessoas da minha idade, vocês precisam entender isso.

Irritada, Sílvia falou:

— Quem é a culpada de tudo isso? Você mesma, Sueli. Foi você a responsável por tudo o que aconteceu, todas as dores, todas as lágrimas e todas as mentiras que culminaram com o episódio triste do aborto. Seu pai e eu ficamos inseguros por conta do sofrimento que passamos.

— Sua mãe tem razão. Agora é preciso conquistar novamente a nossa confiança, a confiança que sua leviandade destroçou.

— Agora vocês vão se apoiar nisso a vida toda, é isso?

— Afinal, o que quer, Sueli? – perguntou Jonas.

— Quero sair sozinha, encontrar com as pessoas, fazer tudo o que uma moça da minha idade faz. É pedir muito?

— Não seria se não fosse tão inconsequente.

Jandira, não se contendo, disse para Sueli:

— Desculpe a minha intromissão, mas hoje você falou ao telefone com sua amiga, não foi?

— É verdade, e é com ela que desejo me encontrar. Somos amigas há tanto tempo e estou impossibilitada de vê-la. Vocês acham isso justo?

"Ela está mentindo", pensou Jandira.

— Estranho, não me pareceu ser uma amiga.

— O que está dizendo, Jandira? – perguntou Sílvia.

Jandira, sem ficar constrangida, respondeu:

— Estou falando, D. Sílvia, desse mesmo telefonema que Sueli diz que era de uma amiga. Sem querer, ouvi a conversa e posso dizer que, pelas respostas de Sueli, não me pareceu ser uma amiga, mas alguém que exigia alguma coisa, e Sueli tentava argumentar. Desculpe-me, Sueli, mas não vou esconder de seus pais algo que poderá prejudicá-la. Mesmo que você diga o contrário, estou certa do que estou falando.

Jonas, sentindo que as palavras de Jandira eram verdadeiras, disse para a filha:

— Por favor, explique melhor essa história, Sueli. Sabemos muito bem quanto Jandira é verdadeira, e não seria agora que iria mentir, mesmo porque vejo nessa atitude o firme propósito de proteger você, já que, pelo visto, você está aos poucos voltando a ser o que sempre foi. Sua mãe e eu já percebemos isso, e não queremos passar por um desgosto outra vez.

Sueli olhou para Jandira indignada por ter sido desmascarada, mas ela não se intimidou e falou:

— Sinto muito, Sueli. Estou tranquila porque sei que é para seu bem.

— Do meu bem cuido eu, Jandira! – exclamou Sueli, com voz autoritária.

— Chega, Sueli. Quero que diga para nós quem foi que ligou para você.

— Calma, pai, não é tão grave assim. Quem ligou foi Gilberto, e se Jandira ouviu toda a conversa deve ter ouvido também que não aceitei nada do que ele queria.

Olhou para Jandira e deu um sorriso de satisfação, como que querendo mostrar a ela que sabia muito bem contornar situações embaraçosas.

— É só isso, filha?

— Claro, mãe, o que mais poderia ser?

— Não sei, isso é você quem vai ter que saber.

— Bem, vamos dar por encerrada essa conversa. Quanto a você, Sueli, gostaria que se ocupasse de algo produtivo que a fizesse ser útil a você mesma.

Antes de sair, Jonas fez um sinal para Sílvia o acompanhar.

— Sílvia, fique atenta. Sei que Jandira está falando a verdade. Não a deixe sair hoje. Vou pensar em um jeito de pegá-la na sua própria mentira.

— Tenho receio, Jonas, de Sueli começar tudo de novo. Será que nada faz essa menina se transformar? É o que me questiono.

— Eu também, Sílvia, me faço a mesma pergunta, mas infelizmente sou realista. Acho que Sueli não aprendeu nada com todo o sofrimento que passamos. É preciso dar atenção à vida para conseguir enxergar os sinais de perigo que nos ameaçam. Infelizmente, Sueli está cega quanto a isso, não consegue perceber nada além de si mesma.

— O que me deixa mais triste, Jonas, é me sentir incapaz de mostrar a ela quanto está enganada em seus ideais de vida. Como diz Jandira, tudo isso só tem uma explicação: a falta de Deus em seu coração. Quem é capaz de viver de uma maneira harmoniosa se não tiver em si mesmo a força dos que têm fé, daqueles que amam Cristo e conseguem enxergar além de si mesmos?

— Você disse uma verdade. Não vamos desistir de Sueli, tenho fé de que um dia ela acordará para se enxergar dentro da ótica cristã.

— Que Deus o ouça e nos proteja! – exclamou Sílvia.

Jonas despediu-se e partiu para o trabalho.

Sílvia, notando a falta de Sueli, perguntou:

— Jandira, onde está Sueli?

— Foi para o quarto. Estava brava comigo. Acusou-me de ser delatora, mas, D. Sílvia, achei que seria importante que a senhora e o Dr. Jonas soubessem a verdade.

— Fique tranquila, Jandira, nós agradecemos por seu cuidado e sua lealdade. Jonas e eu sabemos que você disse a verdade e, a partir daí, vamos dar um jeito de descobrir se Sueli está mantendo contato com aquele cafajeste.

Assim que entrou em seu quarto, Sueli deixou que a raiva por Jandira explodisse em seu coração.

— Essa velha me paga – dizia em voz alta. – É impressionante como em tudo ela se mete. Mas vou dar um jeito nisso. Daqui para a frente vou tomar muito cuidado com ela.

Hortência, aproximando-se, emitiu energia salutar para Sueli, tentando equilibrar suas emoções e seu pensamento, mas foi em vão, pois Sueli somente dava atenção à raiva que sentia.

Uma semana depois Sueli perguntou à mãe se poderia sair para dar uma volta, encontrar com as amigas.

— Posso sair para respirar um pouco?

— Dependendo do lugar que vai, pode, sim.

— A lugar nenhum especificamente, mãe, só quero me sentir livre outra vez, sair, andar por aí, ver as pessoas, só isso.

— Só isso mesmo, Sueli?

— Claro, mãe, o que mais poderia ser?

— Não sei, você é quem deve me dizer, filha.

— É só isso mesmo.

— Está bem, pode ir, mas não demore muito porque seu pai não a quer andando sozinha por aí.

— Não sei por que essa atitude do meu pai. Vou precisar viver, e ninguém vive o tempo todo dentro de casa. E comigo não é diferente.

— Sueli, foi você mesma quem fez seu pai perder a confiança em você, agora é a hora de conquistar a confiança dele novamente.

— Está certo, vou conquistar.

Foi para seu quarto se arrumar e, quando ficou pronta, ligou para Gilberto.

— Consegui permissão para sair. Você pode se encontrar comigo agora? Não tenho muito tempo.

— Evidente que sim – respondeu Gilberto. – No lugar onde costumávamos nos encontrar, lembra?

— Claro que lembro.

— Então se prepare. Estou ansioso para vê-la.

— Até já, então.

Sueli desligou o telefone radiante. Sentiu-se renovar, ser de novo uma mulher para Gilberto, que sempre fora sua paixão.

— Mãe, estou indo. Fique tranquila, não vou demorar.

— Faça isso, Sueli. Chegue antes de seu pai.

— Tudo bem, mãe.

Saiu apressada e em poucos minutos estava com Gilberto. Ele a abraçou com a volúpia de sempre, e, sem querer perder tempo, disse-lhe:

— Não vamos fazer hora, Sueli, vamos para meu apartamento.

Sueli sentiu seu corpo tremer, como sempre acontecia quando estava com Gilberto, e respondeu:

— Vamos, tenho pouco tempo.

Seguiram para o apartamento de Gilberto. Lá chegando, nenhuma palavra disseram um ao outro, apenas se entregaram ao louco desejo que os unia. Quando tudo terminou, Gilberto se lembrou de perguntar como ela estava após a cirurgia que fizera.

— E foi assim, Gilberto – disse-lhe Sueli após narrar tudo o que havia passado. – Quase perdi a vida por conta da loucura que você me forçou a fazer.

— Espera aí. Fiz você fazer, não, sugeri e você aceitou. Poderia ter recusado, mas aceitou, então a culpa não é só minha, estou certo?

— Está certo, Gilberto, já passou. Agora vamos falar do presente, que é o que me interessa.

— Quero apenas lhe dizer que o que você fez foi na verdade a melhor opção.

— Por quê?

— Porque agora podemos ficar juntos sem a sombra de uma gravidez indesejada, e isso faz toda a diferença.

— Vendo por esse lado, você tem razão, mas o que me entristece é saber que jamais poderei gerar um filho.

— Mas é isso que é o formidável, não percebe? Podemos fazer tudo o que queremos e gostamos sem ser surpreendidos por uma eventual gravidez.

Sueli pensou e disse:

— Você tem razão, essa é a parte melhor da história.

— É o que estou dizendo. Viver intensamente sem nenhum compromisso, apenas nos fazendo feliz. Podemos querer coisa melhor?

— Sem dúvida, é a melhor parte da vida.

E pensou: "Tenho que aceitar, ele nunca vai querer assumir compromisso, quer a liberdade ampla. Ou eu aceito ou separo dele para sempre".

— Em que está pensando?

— Em como nossa relação é diferente. Imagino eu que as pessoas que se amam desejam estreitar a relação ficando juntos, formando família, mas vejo que com você jamais terei um porto seguro, estou certa?

— Certíssima! – exclamou Gilberto, já não gostando do rumo da conversa. – Para que tudo isso se o mais importante nós já temos, que é a afinidade total entre duas pessoas? Gostamos das mesmas coisas, agimos de maneira igual, enfim, para que mudar? O casamento acaba com qualquer sentimento que possa haver entre duas pessoas.

— Mas você nunca disse que me ama!

— Mas eu não a amo, Sueli, eu a desejo, e para mim é o bastante.

Sueli levou um choque.

— Não precisa ser tão sincero assim, Gilberto.

— Você quer que eu a engane? Prefere?

— Não, não prefiro.

— Então vamos continuar assim, sem que nada estrague nosso prazer.

— Está certo, mas agora preciso ir embora.

— Já?

— Sim. Quero chegar no horário que minha mãe estipulou, assim ganho a confiança dela e vou poder sair sempre que quiser.

— Bem pensado.

Despediram-se. Sueli foi correndo para casa, mas no caminho encontrou-se com Bernardo.

— Aonde vai com essa pressa toda? – perguntou ele.

— Oi, Bernardo, estou indo para casa. – E uma ideia passou por sua cabeça: – Não quer me acompanhar? Minha mãe ficaria feliz em vê-lo, ela tem muita gratidão por você.

Bernardo, sem desconfiar da armação de Sueli, acompanhou-a até sua casa. Sílvia realmente ficou feliz em ver Bernardo. Convidou-o para entrar e tomar um café, o que prontamente Bernardo aceitou. Imaginava que Sueli tinha saído com Bernardo, e isso a agradava. "Graças a Deus", pensou. "Acho que Sueli está tomando juízo. Bernardo é o amigo ideal, bom caráter, educado, sempre solícito, e tenho certeza de que ele gosta de Sueli."

Passaram uma tarde agradável, e quando Bernardo levantou-se para se despedir, Sílvia lhe disse:

— Sua presença nos agrada, Bernardo, venha sempre nos visitar.

— Obrigada, D. Sílvia, sempre que tiver tempo virei.

Sueli, aproveitando a ocasião, disse entusiasmada:

— Então, Bernardo, amanhã nos encontraremos de novo.

Surpreso, Bernardo respondeu:

— Nos encontraremos?

— Claro, Bernardo, não foi o que combinamos? Ou mudou de ideia?

Quase gaguejando por perceber que mais uma vez era alvo da armação de Sueli, e não querendo criar clima de desconforto, respondeu:

— Tudo bem, Sueli, amanhã.

— Posso, mãe?

— Claro, filha, com Bernardo não tem nenhum problema.

"Outra armação de Sueli", pensou Bernardo. "Quando essa menina vai parar de usar as pessoas para seu proveito? O que ela queria era conseguir a aprovação de D. Sílvia, e para isso me usou. Sou mesmo um tolo."

— Então está certo, Bernardo, amanhã à tarde, no mesmo lugar.

Logo se despediu de Bernardo, receando que ele a entregasse. Assim que ele saiu, Sílvia comentou:

— Este rapaz possui qualidades, Sueli. Por que você não se interessa por ele?

Sem pensar, Sueli respondeu:

— Estou interessada, mãe. Estamos nos encontrando e nos conhecendo, mas não tem nada concreto, viu, D. Sílvia!

— Folgo em saber, Sueli. Bernardo é um ótimo rapaz, bem diferente daquele cafajeste do Gilberto.

— Mãe, não é tanto assim, vocês exageram.

— E você ainda o defende? Depois de tudo o que ele fez com você?

— Vamos deixar isso pra lá. Já passou e pronto.

Jandira somente observava a dissimulação de Sueli. "Aonde será que Sueli quer chegar com toda essa mentira que despeja em sua mãe? Duvido que ela esteja encontrando com Bernardo. Pela reação dele, dá para perceber que foi um encontro casual. Enfim, não posso me meter sempre."

Bernardo caminhava tranquilo pelo asfalto molhado. Trazia as mãos no bolso e distraidamente chutava uma latinha, que, toda amassada, saltitava de um lado para outro, obedecendo ao comando dele. Seu pensamento estava voltado para as palavras de Sueli. Não dava importância a nada que estava à sua volta, somente ao que Sueli dissera, que martelava em sua mente. "Como pode uma pessoa inventar tanta mentira para os próprios pais?", se perguntava. "Aonde ela quis chegar quando se referiu ao nosso encontro, que, aliás, foi totalmente inesperado? Só posso chegar a uma conclusão: mais uma vez ela me usou, isso é certo, mas não vou fazer o jogo dela, não sou canalha. Tudo isso foi armação para se encontrar com Gilberto sem levantar suspeitas. Prefiro, de agora em diante, manter distância dela."

Enquanto isso, Sueli estava eufórica. Arranjara um meio de sair sem levantar suspeitas. "Tudo está dando certo", pensava. "Não preciso inventar nada. Vou poder sair e me encontrar com Gilberto no dia e na hora que quiser. Dei um golpe de mestre", concluía, sem se dar conta de quanto se afundava no abismo.

Os atos impensados, levianos, sempre levam aquele que os pratica ao sofrimento. Nada se pode construir na areia, na inconsequência. As leis divinas não mudam, não existem dois pesos e duas medidas. A Deus só importa o que a criatura agasalha em seu interior, o bem que pratica e o sentimento que norteia seu coração.

Infelizmente, Sueli não pensava assim. Dizia sempre:

— A vida é curta, portanto, temos que aproveitá-la ao máximo, sem barreiras, porque, na verdade, o que importa é ser feliz.

Mas o que importa é a felicidade construída quites com as leis de Deus. A felicidade é uma conquista, pertence à alma, e somente é válida quando não deixamos nenhuma marca de sofrimento em nosso próximo, por onde passamos, o que acontece quando a queremos a qualquer preço.

Sueli sentia-se feliz e gabava-se de ter conseguido enganar seus pais e Bernardo. Julgava-se esperta, mas não conseguia imaginar que a cada ato desses de pura leviandade e inconsequência gerava para si mesma o sofrimento.

Hortência, sempre amiga, tentava inspirá-la para o bem, para a vida equilibrada, mas era tudo em vão. Sueli não conseguia sentir as boas vibrações do espírito e prosseguia no seu desequilíbrio.

Não conseguir ver as belezas do Universo, não sentir que o amor está no ar, não perceber as pessoas que caminham, muitas vezes, silenciosas ao nosso lado é positivamente estar cego.

22

A decepção e a volta por cima

— Já vai sair, filha? – perguntou Sílvia.

— Sim, mãe, a senhora se esqueceu de que combinei ontem com o Bernardo?

— É verdade. Dê nele o meu abraço.

— Pode deixar, mãe, darei sim! – exclamou Sueli sem sentir nenhum remorso por estar mentindo.

— Bernardo é um bom rapaz, ótima companhia para você, filha. Tenta se interessar mais por ele.

— Vamos deixar as coisas acontecerem, né, mãe? É muito cedo para dizer qualquer coisa a respeito.

— Tem razão – concordou Sílvia. – Mas pense no assunto.

— Tá bom, mãe, vou pensar.

Saiu apressada ao encontro de Gilberto.

— Demorou, pensei que não vinha – disse Gilberto assim que a viu.

— Na hora em que estava saindo minha mãe resolveu dar conselhos para que eu ficasse com Bernardo, acredita?

— E você, pretende ficar com ele?

Sueli sorriu e respondeu:

— É claro que não. Não troco você por ninguém. – E, aproximando-se de Gilberto, deu-lhe um beijo. – Você sabe que gosto de você!

— Sei e espero que goste sempre.

Foram para o apartamento de Gilberto. Lá chegando, Sueli, ao ver aquelas pessoas esperando por eles, se decepcionou e disse:

— Pensei que estaríamos sozinhos, Gilberto!

— Para que ficarmos sozinhos se podemos nos divertir muito mais, esqueceu?

— Não esqueci, mas...

— Nem mas, nem meio mas. Hoje vai ser assim e pronto, está resolvido.

"Se eu não fizer o que ele quer, com certeza me troca por outra. É melhor obedecer."

A tarde correu solta, o desvario tomou conta daquelas pessoas que pouco ou nada sabiam sobre respeito e dignidade. O que queriam nada mais era do que se divertir sem se comprometer com ninguém. A ordem era cada um por si. Façam o que desejarem sem julgar o que os outros estiverem fazendo.

No final do dia, Sueli voltava para sua casa quando ouviu alguém chamar.

— Sueli!

Ao olhar para trás, viu a figura de Bernardo.

— O que traz você aqui? Está me seguindo, é isso?

— Não, Sueli, não estou seguindo você. Foi apenas coincidência, mas já que nos encontramos quero lhe dizer uma coisa.

— Fale, o que é?

— Sei que você está me usando para poder sair quando quiser sem ter que dar satisfação.

— E daí, Bernardo? Seja mais claro.

— Quero apenas lhe dizer, Sueli, que não vou permitir que use o meu nome para acobertar sua leviandade. Sei também que suas saídas são para se encontrar com o Gilberto. Tudo bem, isso é um problema seu, e não me diz respeito, mas não use o meu nome porque não vou aceitar que faça isso.

— O que é isso agora, Bernardo? Nós não somos amigos?

— Éramos amigos, agora não sei mais. O que sei é que não quero compactuar com essas atitudes que você está tomando, porque tenho certeza de que vai sofrer muito, Sueli, por conta desse seu envolvimento com Gilberto, que não vale o que come.

— Nossa, também não é assim!

— Realmente não é assim, é pior, e você não tem noção de onde está se metendo, mas deixa pra lá, é uma escolha sua. Esse plantio é seu, e a colheita também.

— O que é isso, Bernardo? Todo esse discurso por nada. O que é que tem falar que saio com você?

— Não teria nada se não fosse a dissimulação, a mentira, enfim, Sueli, você vive em um mundo irreal, usa as pessoas como bem entende sem se importar com o que causa nelas. Bem, agora chega, já dei o meu recado. Só lamento você não ter conseguido perceber que a amo de verdade, ou melhor, amava.

E não esperou resposta. Saiu sem olhar para trás, deixando Sueli pensativa: "Será que ele me ama?", perguntava-se. "Nunca percebi nada, sempre estive envolvida com Gilberto, que é quem eu quero de verdade. Não faz mal. Vou continuar deixando que minha mãe pense que saio com Bernardo, isso facilita tudo pra mim."

Passaram-se vinte dias e Sueli saía diariamente, sempre dizendo que estava com Bernardo. Sílvia começava a ficar preocupada, pois, desde que Bernardo estivera em sua casa, nunca mais voltara. Resolveu questionar sua filha.

— Filha – disse Sílvia –, faz um tempo que você sai sempre com Bernardo e acho muito estranho o fato de ele nunca mais ter vindo em nossa casa. Você sabe por quê?

— Ora, mãe, Bernardo trabalha, tem pouco tempo livre, e esse tempo passamos juntos andando pela cidade. Algum problema nisso?

— Não, filha, nenhum problema. Apenas gostaria que você o convidasse para jantar conosco um dia desses.

— Pode deixar, mãe, vou combinar com ele.

— Que bom, filha, fico aguardando.

— Eu aviso, mãe.

E pensou: "Ela acaba esquecendo, nem vou me preocupar". Despediu-se e foi ao encontro de Gilberto.

— Não gosto quando você demora, já lhe disse isso, não?

— Eu sei, Gilberto, tive alguns problemas, mas o que importa é que estou aqui. Vamos?

— Antes quero lhe dizer uma coisa e prefiro que seja aqui, só nós dois.

Sueli pensou, animada: "Ele vai dizer que quer se casar comigo, tenho certeza disso".

— Fale, Gilberto, estou ouvindo.

— É um assunto delicado, mas como sei que você é uma garota moderna, bem resolvida, imagino que vai tirar isso de letra.

— Por favor, diga de uma vez.

— Eu quero que você fique uma noite com um amigo meu que chegou recentemente da Europa, gente finíssima, educado, gentil e...

— Pode parar, Gilberto. Não acredito que você está me "emprestando" para seu amigo. É isso mesmo que estou entendendo? Porque se for estou fora, não estou à venda – disse Sueli tremendo de raiva.

— Calma, Sueli, isso é uma honra, não é para qualquer uma, mas para aquelas que são especiais em todos os sentidos. Você é linda, charmosa, sensual, possui tudo o que meu amigo deseja, então por que não?

— Não acredito no que estou ouvindo. E eu que pensei que você ia me pedir em casamento... Entretanto, você consegue me reduzir a pó.

— Sueli, muita calma, pensa direito. É a oportunidade de você ganhar muito bem. Não se joga uma oportunidade dessas fora.

Para espanto de Gilberto, Sueli começou a chorar.

— O que foi dessa vez?

— Foi que você me trata como uma qualquer, sem respeito, achando que topo fazer tudo por dinheiro, né?

— Não é bem assim, Sueli, falei com você porque a considero a melhor de todas.

— A melhor de todas? E me empresta para um amigo como se empresta um livro, uma caneta, é isso?

— Para você vai ser muito bom. É exatamente o tipo que você gosta. Uma tarde com ele e você vai se ver no céu.

Sueli não acreditava no que acabara de ouvir. Sem dizer nem mais uma palavra, pegou o caminho de casa. Não se despediu de Gilberto, que, ao vê-la partir, pensou: "Acho que dessa vez perdi-a para sempre, mas como ia imaginar que ficaria tão ofendida? Ela está sempre disposta a tudo, diz que só quer ser feliz! Não entendo a sua reação".

Sueli caminhou sem saber para onde ir. "Meu Deus, a que ponto cheguei?", pensava. "Desci muito baixo, e agora o que faço? Quem sou eu na verdade?", ela se perguntava.

Suas lágrimas embaçavam os olhos. Pela primeira vez sentia alguma coisa estranha dentro de si, uma tristeza, uma vergonha, uma humilhação. "Tudo agora faz sentido. Na realidade, Gilberto jamais me viu como sua namorada, ao contrário, para ele sempre fui alguém que podia lhe dar todo o prazer que queria, nada mais que isso." Em seu desespero, lembrou-se de Bernardo.

— Vou procurá-lo, ele é o único que poderá me ajudar. Sei que fui leviana com ele, mas Bernardo não terá coragem de me virar as costas.

Assim que Bernardo viu Sueli, que sempre agira com altivez, experimentou um sentimento de pesar por perceber que estava completamente arrasada, triste e chorosa. Assustado, perguntou:

— O que aconteceu, Sueli? Nunca a vi nesse estado.

— Você pode falar comigo?

— Claro, vamos sentar em algum lugar onde poderemos conversar à vontade.

Seguiram até uma pequena lanchonete, que naquele horário estava praticamente vazia. Sentaram-se e Bernardo perguntou:

— Sueli, por favor, conte-me o que aconteceu para deixá-la nesse estado.

Chorando muito, Sueli respondeu:

— Bernardo, hoje eu tive consciência de que caí em um abismo. Somente hoje percebi isso, porque a vida me mostrou o que eu não conseguia enxergar, só que não sei como sair.

— Explique melhor, Sueli, não se sinta constrangida. Quero saber de tudo para poder ajudá-la.

Sueli, encorajada, relatou a Bernardo exatamente como tudo aconteceu, e por fim disse:

— Bernardo, por favor, não me julgue, porque já entendi quanto fui leviana, displicente, inconsequente e sei lá mais o quê. Sempre achei que estava certa em querer ser feliz, e não me dei conta do que realmente estava me tornando. Hoje tudo ficou claro para mim. Envergonho-me das minhas atitudes, do que aceitei e fiz em nome do desejo que sempre me dominou. Achava tudo natural, que fazia parte da minha vida. Hoje as palavras de Gilberto me atingiram de uma maneira fulminante e, através delas, percebi que realmente fiz por merecer ouvi-las. Estou no fundo do poço, Bernardo, e não tenho a quem recorrer, a não a ser você, que sempre foi generoso. É por isso que peço sua ajuda. Mostre-me o caminho de volta, não sei por onde começar.

Bernardo sentiu sinceridade em Sueli. Olhou para ela, tão nova ainda e já marcada por seus atos levianos.

— Sueli, a flecha precisa ser puxada para trás para poder ir para a frente. Assim somos nós, a vida nos puxa para trás para enxergarmos, através da aflição e do sofrimento, o caminho à frente e entendermos que a mudança se faz necessária. Veja bem, você foi na realidade puxada para trás, e nesse ato percebeu o seu engano. Isso despertou em você o desejo de mudar porque viu claramente que o que fazia nada tinha de útil, ao contrário, levava você cada vez mais para o abismo, onde não existe respeito nem dignidade. A atitude de Gilberto mostrou mais uma vez quem na verdade ele é: um egoísta que não se importa com quem prejudica, desde que realize o que ele quer.

— Mas o que eu faço agora, Bernardo? Menti tanto para os meus pais, usei você para justificar minhas mentiras. Nada me importava, a não ser eu mesma. Não conseguia olhar para nada que não fosse Gilberto e o desejo que sentia em estar junto dele. Não sei o que fazer para sair desse emaranhado de mentiras e leviandades.

— Calma, Sueli, vamos por partes. Primeiro você precisa estar certa de querer mudar, e nesse processo afastar e esquecer Gilberto, entender que ele a quer somente para usá-la, como sempre fez e você permitiu. Depois, deve aproximar-se de seus pais, aprender a ouvi-los, dar ao sentimento do amor a verdade e a transparência, sem maculá-lo apenas com os desejos físicos e sexuais. Por último e mais importante, deve trazer Deus para seu coração, para sua vida, permitindo que Ele esteja no comando. Esse é o caminho para quantos quiserem se tornar pessoas melhores. Sei que é difícil mudar radicalmente, mas estarei por perto para ajudá-la se você quiser. Tudo precisa ser bem compreendido e aceito de verdade. Esse é o começo.

— Eu quero mudar, Bernardo, por favor, acredite em mim. Estou muito envergonhada de você e principalmente de meus pais, quando eles descobrirem que mais uma vez eu os enganei.

— Eu acredito em você, Sueli. Sinto sinceridade em suas palavras. Nada fica perdido irremediavelmente, o processo de mudança é lento, mas possível. Para isso, basta apenas querer de verdade, com todas as forças do coração.

— Eu quero, Bernardo, quero muito. Nunca me senti tão desconfortável ao ouvir as palavras de Gilberto. Sei que ele falou baseado nos fatos que eu mesma criei, e o que vi de mim mesma me assustou. Realmente, não quero ser vista apenas como um objeto de prazer, quero ser amada.

— E será, Sueli, posso lhe garantir que será, mas precisa estar preparada para o encontro.

Depois de alguns instantes de silêncio, um pouco mais calma, Sueli falou:

— Disse para minha mãe que estava saindo com você, então preciso arrumar uma boa desculpa para justificar sua ausência em nossa casa. Ela vai perceber logo que tudo foi mentira, já que você não vai aparecer mais por lá.

Bernardo teve uma ideia.

— Vamos fazer o seguinte: vou com você até sua casa. Deixa sua mãe pensar que estamos juntos. Depois, quando estiver mais segura de sua nova vida, dizemos a ela que terminamos. O que acha?

— Você faria isso por mim?

— Claro, o que mais quero é ajudá-la a construir sua reforma interior. Estarei por perto até que isso aconteça e você possa caminhar sozinha, sem perigo de recaída. Mas é importante que esqueça de uma vez por todas Gilberto, porque, se assim não for, dificilmente você conseguirá se reerguer das cinzas da leviandade.

— Você não gosta de Gilberto, não é, Bernardo?

— Éramos amigos, mas, com o tempo, fui observando suas atitudes, seu jeito de abordar as pessoas, principalmente garotas, oferecendo o brilho vazio da inconsequência, e decidi me afastar. Não compactuo com esse procedimento de Gilberto. Prova disso é o que ele fez com você, Sueli. De uma menina tola transformou-a em uma mulher sedutora, pronta para qualquer programa. – Refletiu sobre o que havia dito e se desculpou: – Desculpe-me, Sueli, não a quis ofender.

— Não precisa se desculpar, Bernardo. Sou mesmo essa mulher, mas juro a você que quero mudar, voltar a ser o que era. Por favor, me ajude.

— Já disse que vou ajudá-la, e vou começar agora.

— Como assim?

— Vamos até sua casa, tenho certeza de que sua mãe irá adorar.

— Você quer ir até minha casa, é isso?

— Sim, é isso. Você não disse que ia se encontrar comigo? Pois então encontrou.

Sueli sorriu e disse a Bernardo:

— Você é incrível, Bernardo, me fez sorrir.

— Então vamos! Enxugue as lágrimas, coloque um sorriso nos lábios e vamos.

Saíram. No caminho combinaram tudo o que diriam, imaginando o que Sílvia perguntaria. Sueli estava mais calma, agradecia a Bernardo pelo que estava fazendo por ela. Assim que chegaram, perguntaram por Sílvia.

— Está na varanda – respondeu Jandira, que, ao ver Bernardo, alegrou-se, pensando que realmente Sueli tinha ido se encontrar com ele, como havia dito à sua mãe.

Sílvia teve a mesma reação de Jandira e pensou: "Pelo menos desta vez Sueli falou a verdade. Realmente foi se encontrar com Bernardo".

— Que prazer ver você, Bernardo – disse-lhe, estendendo a mão para cumprimentá-lo.

— O prazer é todo meu, D. Sílvia – respondeu Bernardo com delicadeza.

— Fico contente em saber que Sueli foi encontrar com você, Bernardo.

— Nós havíamos combinado, lembra, D. Sílvia? Isso incomoda a senhora?

— Não, de forma alguma. Como disse, alegra-me saber que ela está com você, que é um rapaz de bem.

— Obrigado.

Passaram a tarde junto com Sílvia. Conversaram, sorriram, e Sueli, pela primeira vez, notou como era bom conversar com sua mãe, coisa que não fazia há muito tempo. Serviram-se do delicioso refresco servido por Jandira. O tempo foi passando e Bernardo viu o adiantado da hora.

— Preciso ir. Foi um grande prazer estar com a senhora, D. Sílvia, uma tarde deliciosa.

— Volte sempre, Bernardo, é muito bom recebê-lo.

— Voltarei, sim, D. Sílvia. Dê lembranças ao Dr. Jonas.

— Darei, sim, obrigada.

Sueli acompanhou-o até a porta.

— Obrigada, Bernardo, por ter me ajudado.

— Disse que a ajudaria, Sueli, e é o que pretendo fazer. Quando quiser sair, ligue para mim antes que tenha a tentação de ligar para Gilberto.

— Não vou ligar para ele, Bernardo, quero de verdade mudar meu comportamento e vou conseguir, pode acreditar.

— Acredito, Sueli.

Despediram-se. Sueli foi direto ao encontro de Sílvia, que segurando suas mãos lhe disse:

— Filha, fiquei muito feliz em ver que você está saindo com Bernardo. Seu pai também vai ficar contente. Bernardo é um rapaz de bem, sensato, sincero, digno, bem diferente de Gilberto, que não possui nenhuma dessas qualidades que falei.

— Hoje eu vejo que a senhora tinha razão, minha mãe. Peço desculpas por tudo que fiz a senhora e meu pai sofrerem, isso não vai mais se repetir.

— Que bom ouvir isso, filha, muito bom mesmo.

— É, mãe, hoje eu sei que a própria vida se encarrega de acordar quem não tem olhos para ver além do próprio umbigo.

— Nossa filha, nunca a vi falar assim.

— Nem eu pensei que falaria um dia! – exclamou Sueli.

Ao observar a filha subir para seu quarto, Sílvia pensou: "Meu Deus, quero crer que ela está mudando, para que possa ser feliz de verdade e nos fazer feliz".

Jandira, que o tempo todo estivera presente, disse a Sílvia:

— D. Sílvia, quero crer que recebemos uma graça. Ela está diferente mesmo. Se ainda não mudou totalmente, é só uma questão de tempo. Toda transformação, para se firmar, é necessário que seja feita aos poucos, paulatinamente, para que aconteça de verdade. Agora é necessário dar à Sueli o suporte para que não esmoreça e vá cada dia mais se modificando, sem que ela mesma perceba. Aí, sim, essa transformação virá para ficar.

— Você tem razão, Jandira – respondeu Sílvia.

23

O confronto

Passaram-se algumas semanas e, como Jandira previa, Sueli foi pouco a pouco se tornando uma pessoa melhor. Não atendia os telefonemas de Gilberto, que insistia em querer falar com ela. Saía pouco, e sempre acompanhada de sua mãe ou de Bernardo, que continuava ao seu lado, dando-lhe a força necessária para que ela não desistisse do seu propósito.

Durante esse tempo que convivia com Sueli, Bernardo deixou que seu antigo sentimento por ela se revelasse novamente, até que um dia, enquanto passeavam, criou coragem e disse:

— Sueli, gostaria de lhe dizer uma coisa, mas não se sinta na obrigação de pensar ou se sentir como eu.

— Fale, Bernardo – respondeu Sueli.

— Desde que a conheci, senti por você uma atração muito forte, que foi se transformando em amor com o passar do tempo.

Imaginando que jamais seria correspondido, consegui adormecer esse sentimento, mas, como passamos a conviver quase que diariamente, sem que eu mesmo percebesse ele voltou tão forte que preciso lhe dizer que a amo, com o sentimento mais puro e sincero. Não me importa não ser correspondido, mas gostaria de saber se há alguma chance de isso acontecer.

Sueli se emocionou. Segurou a mão de Bernardo e respondeu:

— Bernardo, estou lisonjeada em saber que gosta assim de mim. Não posso ainda afirmar que o amo, mas posso dizer que estou perto disso, é só uma questão de tempo, imagino. Estando a seu lado todo esse tempo, recebendo carinho e atenção, consegui vê-lo com outros olhos. Você tem, sim, uma grande chance, portanto, vou lhe pedir que espere.

Bernardo sentiu uma profunda emoção.

— Sueli, posso perguntar uma coisa não muito agradável, mas, para mim, necessária?

— Claro, Bernardo, fale o que quiser.

— Você ainda sente alguma coisa pelo Gilberto?

— Não vou nem pensar para responder porque sei com certeza a resposta. Não, Bernardo, não sinto mais nada por ele, a não ser pena, por saber que dificilmente mudará sua postura diante da vida. Graças a você estou aos poucos me modificando e enxergando o que antes não conseguia ver, por mais que meus pais mostrassem. E, por entender isso, fui vendo você de uma maneira diferente, e um sentimento maior que apenas amizade foi se infiltrando em meu coração. Por isso digo que é uma questão de tempo e peço que me espere.

Bernardo se sentiu nas nuvens.

— Eu espero o tempo que precisar, Sueli. Não tenho pressa. Para todos os propósitos existe o tempo certo de acontecer. O que você acabou de falar me basta por enquanto, depois...

— Depois, eu espero, ficaremos juntos de verdade. Agora sou eu quem quer lhe fazer uma pergunta, pode ser?

— Claro.

— Você tem conhecimento de tudo o que fiz na minha vida, pura leviandade. Nada escondi de você quando naquela época eu pedi sua ajuda. Mesmo assim você ainda diz que me ama, sabendo da inconsequência com a qual levava minha vida?

— Sueli, aquilo agora não me importa. O que de verdade conta para mim é a sua mudança, o seu desejo de se melhorar, e isso eu vejo em você. Não vou trazer para o presente um passado que nada vai acrescentar na nossa vida, por isso chama-se passado. Vamos viver o presente com intensidade, nos respeitando e construindo uma vida saudável e feliz.

— Obrigada, Bernardo, não sei como não consegui enxergar você durante tanto tempo. Fui uma tola.

— Não, foi apenas vítima da sua própria imprudência, do seu desejo sentido de maneira enganosa, mas vamos deixar tudo isso de lado, no passado. Agora o que na verdade importa é o presente. – Sentindo ser uma hora apropriada, Bernardo continuou: – Só falta mesmo você aprender uma questão, Sueli.

— Qual, o que quer dizer?

— Já é hora de você começar a repensar seus conceitos, seus valores.

— Não entendo aonde você quer chegar.

— Quero chegar aonde você já deveria estar, ao lado de Deus.

Sueli indignou-se.

— Como assim? Você sabe que eu não acredito nessas coisas. Isso para mim não tem nenhum embasamento. Como pode um ser viver no espaço, sabendo tudo, comandando tudo? Eu não entendo isso.

— Mas deveria se dar pelo menos uma oportunidade de conhecer o que você julga ser conhecimento.

Sueli pensou e respondeu:

— Está bem, Bernardo, vou tentar conhecer o assunto, por você.

— Não, Sueli, por mim, não, por você. Para sua paz e sua felicidade. Nós somos criaturas, Sueli, e, como criaturas, temos um criador. Se você quiser, podemos conversar sobre isso e, a partir do seu conhecimento, vai poder decidir e opinar sobre o assunto.

— Está bem, Bernardo, eu quero. Se você puder falar comigo sobre isso prometo que vou pensar no assunto.

— Vamos fazer o seguinte: amanhã vamos até o parque, sentamos na grama e conversamos sobre esse assunto, está bem?

— Por mim está bem! – exclamou Sueli. – Quem sabe eu não me convenço, não?

— Pode apostar que sim!

Sílvia, em sua casa, conversava com Jonas quando Jandira apareceu.

— D. Sílvia, o almoço pode ser servido?

— Sueli já chegou?

— Ainda não!

— Então vamos esperar um pouco. Assim ela chega e almoçamos todos juntos.

— Está certo – concordou Jandira.

Gilberto não se conformava de ter perdido Sueli. O tempo passava e ele ainda mantinha o desejo de trazê--la de volta. Passava horas pensando em uma maneira de pressioná-la: "Ela sempre me obedeceu, sempre fez minhas vontades, por que agora está sendo diferente? Só pode ser o tonto do Bernardo que a deve estar influenciando", pensava.

Por mais que ele ligasse em seu telefone, Sueli não atendia, e isso feria seu amor-próprio. Certa tarde, decidiu esperá-la próximo à casa dela. Quando a viu chegar sozinha, aproximou-se e, sem nenhum respeito, puxou-a para si com força, beijando-a inescrupulosamente. Quando a soltou, disse:

— Isso é para lembrar-lhe do que está perdendo e dizer que estou disposto a aceitá-la de volta.

Para surpresa de Gilberto, Sueli deu-lhe um tapa no rosto.

— Vá embora, Gilberto. Você não me interessa mais, minha vida mudou e estou feliz assim, portanto, não adianta me procurar, porque jamais voltarei pra você. Vá embora, por favor.

Rapidamente voltou-se e foi em direção à sua casa. Gilberto, irado com o que ela lhe disse, correu até ela e, no momento que ia pressioná-la novamente, Jonas apareceu.

— Posso saber o que está acontecendo aqui, Sueli?

— O que está acontecendo, pai, é que Gilberto não se conforma com o fato de eu não querer mais nada com ele, nem a sua amizade, e veio aqui para me pressionar a voltar.

— Então, meu rapaz, você ouviu o que ela disse. Sugiro que não a importune mais, caso contrário, tomarei as providências necessárias.

Gilberto, louco de raiva, respondeu:

— Não precisa tomar providência nenhuma. Não a quero mais, e digo que sua filha não vale nada. Já aproveitei o que ela tinha de bom, agora não tem nada que me interesse.

Jonas, ao ouvir tamanho desrespeito, uniu suas forças e deu um soco em Gilberto, que caiu ao chão.

— Some daqui, seu cafajeste, antes que o entregue para a polícia. Não se esqueça de que, se houver uma próxima vez, vai ser muito diferente. Sueli tem pessoas que se interessam por ela e a protegem, portanto, repito: não se atreva a se aproximar outra vez dela.

Gilberto se levantou e, de uma maneira bastante atrevida, ainda disse:

— Azar o seu, Sueli. Você sabe muito bem o que está perdendo.

Jonas fez menção de agredi-lo novamente, mas Gilberto se esquivou e, dando risada, se afastou, mas não sem antes ameaçar Sueli:

— Estou indo, mas deixei uma lembrança em você. Logo você saberá e pensará em mim, não importa de que maneira, mas vai saber que fui eu.

Jonas olhou para a filha e lhe disse com tristeza:

VÍTIMA DO DESEJO   **277**

— Prestou atenção, filha, no tipo de gente com que você se relacionava? Agora é descartar qualquer possível lembrança desses dias, colocar juízo nessa cabecinha e mudar o rumo de sua vida.

Sueli, chorando muito, disse ao pai:

— Me perdoa, pai, por ter feito o senhor e minha mãe sofrerem dessa maneira. Eu aprendi a lição e garanto que não vai se repetir.

— Só mais uma coisa, filha. O que ele quis dizer em deixar uma lembrança em você?

— Pode acreditar, pai, não tenho a menor ideia do que pode ser.

— Então vamos dar esse caso por encerrado. A partir de agora começa uma nova vida para você e para nós também. Espero que seja uma vida equilibrada e dentro dos valores de Deus.

— Será, pai!

Mudando o rumo da conversa, Jonas perguntou:

— Como está seu relacionamento com Bernardo?

— Está indo muito bem, pai. Estamos nos conhecendo melhor e creio eu que estou a um passo de me apaixonar por ele, por conta da maneira educada, respeitosa e verdadeira com a qual me trata. É só uma questão de tempo.

— Folgo em saber, minha filha. Bernardo é uma ótima pessoa, um rapaz respeitador e educado. Possui todas as qualidades para fazer uma moça feliz.

Quando eles entraram em casa, Sílvia logo percebeu que alguma coisa havia acontecido, pela fisionomia de cada um.

— Podem me dizer o que houve? – falou com autoridade. – E nem percam tempo em dizer que nada aconteceu, porque sei que não é verdade, portanto, digam.

Foi Jonas quem respondeu:

— É que encontrei o Gilberto aqui próximo de casa importunando nossa filha e, diante da sua irreverência, da sua falta de respeito, acabei dando-lhe um soco. Foi isso o que aconteceu, Sílvia.

— Você fez isso, Jonas?

— Fiz, sim, Sílvia. Fiquei muito indignado com as coisas que ele disse a respeito de Sueli e não me contive.

— Jonas, você fez muito bem. Deveria ter dado outro. Esse rapaz não possui nenhum caráter, vive na orgia, não trabalha, enfim, espero que Sueli tenha aprendido a lição, não é, minha filha?

— Pode acreditar que sim, mãe. A vida me ajudou através do sofrimento. Aprendi que o que na verdade importa é o bem que fazemos para nós mesmos e para o nosso próximo. Isso vou levar para o resto da minha vida.

— Parabéns, filha. Conte sempre conosco, e não despreze a companhia de Bernardo, porque ele poderá encaminhar você para uma vida equilibrada, vivendo, apesar de dizer que não acredita, de acordo com as leis divinas.

Sueli, querendo acalmar seus pais, disse-lhes:

— Sabe, mãe, amanhã cedo vou me encontrar com Bernardo. Ele vai me explicar toda essa questão de Deus que eu não consigo aceitar.

— Filha, que coisa boa. Absorva tudo o que ele lhe falar. Verá que a verdade, o equilíbrio e a paz tão desejada estão inseridos na fé que temos em nosso Criador. Ele é o caminho.

— Sua mãe tem razão, filha, é preciso conhecer para decidir. É preciso olhar à nossa volta para enxergar a grande obra do Criador. É preciso calar a nossa voz para ouvir a do Senhor.

— Bonito isso, mãe. Estou disposta a aprender. No fundo sinto falta de alguma coisa maior que me auxilie a pensar, avaliar e tomar decisões certas. Quem sabe não será agora?

— Tem razão, filha, quem sabe?

Assim que Sueli se ausentou, Jonas e Sílvia conversaram a respeito de tudo o que acontecera.

— Sabe, Jonas, às vezes me pergunto o porquê de tanto sofrimento, de tantas amarguras e lágrimas que se abateram sobre nós. Na maioria das vezes achamos que não merecemos as provas pelas quais passamos. Julgamos não raro injustas, mas aí vem à lembrança a lei de causa e efeito, ou seja, toda ação provoca uma reação, e meu coração se acalma por saber que nada é injusto, tudo obedece a essa lei.

— Falou uma verdade, Sílvia – disse Jonas. – Espero que Sueli comece a perceber a importância de ter fé, de acreditarmos em nós mesmos e, principalmente, em um Ser maior que rege todo o Universo.

— Não raro o homem deserda os próprios compromissos por excesso de egoísmo e escassez de amor – disse Jandira, que adentrava a sala. – Desculpe-me, Dr. Jonas, mas não pude deixar de ouvir sua conversa. Não me julgue intrometida, mas sim alguém que deseja ardentemente que cada um de vocês encontre seu caminho, o caminho que leva até nosso Pai. A vida nos é dada por Deus – continuou Jandira – como a maior prova de amor paternal. É, sem dúvida, a oportunidade que precisamos para nos redimir das faltas cometidas em vidas anteriores. O apego excessivo aos bens materiais leva o homem ao esquecimento das leis divinas, e esse esquecimento é nocivo, porque propicia a queda dos desavisados. Portanto, precisamos aproveitar essa dádiva da vida e, através do exercício do bem, nos aproximar mais de Deus.

24

O encontro com Deus

No dia seguinte, Sueli levantou cedo. Estava ansiosa para se encontrar com Bernardo e ouvir o que ele tinha a dizer. No entanto, uma dúvida surgiu no coração de Sueli: "Será que minha ansiedade está no que vamos conversar ou na espera de me encontrar com Bernardo?", indagou-se. "Não sei, não, mas reparei que todas as vezes que vou me encontrar com ele tenho uma sensação que me faz tremer de uma maneira doce, sinto uma alegria que me torna criança. Acho que estou me apaixonando por ele", concluiu.

— Dormiu bem, minha filha? – perguntou Sílvia.

— Sim, mãe, dormi. Posso lhe fazer uma pergunta, mãe? Tenho uma dúvida e gostaria de saber a sua opinião.

— Claro que sim, filha, pode fazer. Se eu puder esclarecer, eu o farei.

Sueli abriu seu coração dizendo à mãe tudo o que sentia assim que se encontrava com Bernardo.

— Receio que estou me apaixonando por Bernardo, mãe, mas, é diferente do que sentia por Gilberto, por ele era um sentimento que me aprisionava, algo que tirava minha razão, mudava meu comportamento e me instigava a mentir, pois pensava somente no prazer físico. Agora, por Bernardo é um sentimento mais puro, calmo, uma vontade de ficar ao seu lado, e, quando estou com ele, sinto ternura, enfim, mãe, sinto-me feliz apenas por estar ao seu lado e saudade quando estou longe dele. É como se eu me sentisse uma pessoa melhor.

Sílvia sorriu. Segurou as mãos de Sueli e disse:

— Filha, você ainda tem dúvida? Eu não tenho nenhuma, você está amando. O que você sente nada mais é que amor. Fico feliz em saber disso, e é esse sentimento que está ajudando você a se transformar, se tornar uma pessoa melhor. O amor de verdade tem esse dom: acalmar os leões que temos dentro de nós. A diferença entre o que sentia por Gilberto e o que sente por Bernardo é que, pelo primeiro, o que sentia era paixão, e agora o que sente é amor, o amor que nos torna melhores e nos faz sentir paz no coração.

Sueli, feliz, abraçou sua mãe.

— Obrigada, mãe, agradeço à senhora e ao pai por nunca desistirem de mim. Lutaram por mim e me amaram, apesar de todos os meus enganos, minhas mentiras, enfim, obrigada, eu os amo.

— Não nos agradeça, filha, fizemos apenas nosso papel de pais, papel esse que iniciou com o seu nascimento e irá durar enquanto nós respirarmos. Nós amamos você!

Sueli chorou de felicidade e arrependimento por ter feito seus pais sofrerem tanto.

A hora do encontro com Bernardo chegou, e Sueli, mais que depressa, foi em sua direção. Viu-o de longe e sentiu um aperto de felicidade, uma vontade de correr e abraçá-lo. "Eu o amo", pensou. "Tenho certeza de que eu o amo."

Bernardo, assim que a viu, foi ao seu encontro.

— Estava ansioso – disse-lhe.

— Eu também – concordou Sueli.

Sentaram-se em um lugar aprazível. Bernardo pediu refrigerante e logo disse:

— Está disposta a conversar? Está preparada, Sueli, para receber as informações e conseguir analisar com equilíbrio?

— Estou, sim, Bernardo, mas antes eu queria lhe fazer uma pergunta, pode ser?

— Claro, faça a pergunta que quiser.

Encorajada, Sueli falou:

— Bernardo, há um tempinho você disse que gostava de mim e perguntou se tinha chance comigo. Ainda gosta?

— Não, Sueli, não gosto de você, eu a amo, e a cada dia que passa o meu amor por você cresce. Mas não se preocupe, não quero pressioná-la. Espero o tempo que for necessário. Sei que um dia você vai sentir o mesmo amor por mim.

— E se eu disser que esse dia chegou?

Bernardo sentiu um tremor em seu coração.

— O que você disse?

— Disse que esse dia chegou, Bernardo. Descobri que eu amo você.

— Sueli, não será gratidão?

— Não, Bernardo, não é gratidão, é amor de verdade. Amo-o e quero ficar com você para sempre, se você quiser.

Com delicadeza, Bernardo a beijou. Era a união de duas almas afins que davam início a uma grande história de amor.

"Que diferença entre o beijo de Gilberto e o de Bernardo", pensou Sueli.

Ouviu a voz de Bernardo.

— Agora só falta você descobrir o amor de Deus em seu coração, Sueli, para sermos totalmente felizes.

— Bernardo, eu já descobri. Deve ter sido Ele quem colocou em meu coração o amor que sinto por você, tirou-me do amor destrutivo e me deu o amor que eleva a criatura, tornando-a feliz de verdade, mas quero aprender sobre isso, quero viver essa realidade que para mim ainda é obscura.

— Claro, vamos conversar sobre isso, e hoje é um bom dia.

— Por que, Bernardo?

— Porque estamos felizes! – exclamou Bernardo. – Pois bem, em primeiro lugar, vou lhe fazer uma pergunta, pode ser?

— Pergunte – respondeu Sueli.

— Você acha que o acaso é inteligente?

— Claro que não, né, Bernardo. Se fosse inteligente não seria acaso.

— Muito bem, se o acaso não é inteligente, como o Universo foi formado? Ao acaso ou porque uma inteligência maior o criou? Ficamos com a segunda hipótese, Deus é a causa primária de todas as coisas, a suprema inteligência.

— Mas – perguntou Sueli interessada – que prova tem da existência de Deus?

— Simples, Sueli, olhe com atenção para tudo o que tem ao seu redor. Acredita que o homem seria capaz de criar toda a maravilha do Universo? Com certeza, não. Se não é obra do homem, de quem seria? Do nada? Acha mesmo que o nada pode fazer alguma coisa? Atribuir as maravilhas existentes no planeta, o próprio Universo como um todo, ao acaso, à coincidência, seria uma completa falta de bom senso, uma tolice, pois o acaso é cego e não pode produzir um efeito inteligente. Sabemos que nenhum homem pode criar o que a natureza produz porque está muito além do que a natureza do homem pode criar ou produzir.

— Bem interessante, Bernardo, continue.

— Vou lhe dizer o que aprendi no *Livro dos Espíritos*, capítulo I do livro primeiro, Atributos da Divindade.

"**Deus é eterno**: se Ele tivesse tido um começo, teria saído do nada, ou então teria sido criado por algum ser anterior; é assim que, pouco a pouco, remontamos ao infinito e à eternidade.

"**É imutável**: se Ele estivesse sujeito a mudanças, as leis que regem o Universo não teriam estabilidade.

"**É imaterial**: sua natureza difere de tudo o que chamamos de matéria, pois, de outra forma, Ele não seria imutável, estando sujeito às transformações da matéria.

"**É único**: se houvesse muitos deuses, não haveria unidade de vistas, nem de poder na organização do Universo.

"**É Todo-Poderoso**: porque é único. Se não tivesse o poder soberano, haveria alguma coisa mais poderosa ou tão poderosa quanto Ele, que assim não teria todas as coisas, e aquela que não tivesse feito seria obra de outro Deus.

"**É soberanamente justo e bom**: a sabedoria providencial das leis divinas se revela nas menores como nas maiores coisas, e essa sabedoria não nos permite duvidar da sua justiça nem da sua bondade."

Sueli estava encantada com a sabedoria de Bernardo.

— Estou impressionada, Bernardo. Como pode saber de tudo isso?

— Sueli, precisamos saber das coisas de Deus para sabermos da vida, entender a nossa vida para sabermos caminhar com passos seguros em direção ao nosso Pai. Quando conhecemos e seguimos as leis divinas, damos a nós mesmos os limites necessários.

Sueli ficou pensativa. Bernardo, ao perceber isso, perguntou:

— O que deixou você assim, pensativa?

— Lembrei-me da vida leviana que levava, inconsequente, sem limites, sem alicerce. Estou pensando que se eu tivesse escutado o que minha mãe sempre tentou me ensinar, ou seja, conhecer Deus e as leis divinas, não teria feito o aborto, não é?

— Sim, Sueli, não teria, mas agora está feito, e nada pode ser mudado. Mas você pode mudar, e já está conseguindo, sua maneira de agir, de pensar, isso é uma conquista. E, quanto mais permitir que Deus faça parte do seu coração, mais feliz você será.

— Com você falando tudo parece tão simples!

— Mas é simples, Sueli, basta crer no que é óbvio. Pense nas maravilhas da natureza, no mar, nas montanhas, no céu repleto de estrelas, no sol nos aquecendo e fazendo brotar as flores, em todas as formas de vida e, principalmente, no homem. Quem poderia ser o responsável por tudo isso? Quem poderia ser o Criador de tudo isso? Deus, Sueli, o amor maior. Aceitar essa realidade é promover a felicidade que perdura, porque quem ama Deus ama o seu próximo.

— Que lindo, Bernardo. Quero saber mais sobre isso, ou melhor, quero saber tudo sobre Deus! – exclamou Sueli, emocionada.

— Fico feliz por você!

Podemos observar que só através do amor conseguimos nos encontrar com Deus, porque, acima de tudo, Deus é amor.

O amor é uma força gigantesca que enriquece, ao mesmo tempo, aquele que dá e aquele que recebe. É por intermédio do amor e da vontade que se atraem as vibrações positivas. As ondas benfazejas infiltram-se no ser, a matéria é energizada e fortalecida para enfrentar os obstáculos encontrados.

Cair no desânimo ou na ociosidade é abrir uma porta para a melancolia. A vida é um buscar constante, é a luta incessante contra os sentimentos mesquinhos e pequenos, mas, sabendo usar as armas que os sentimentos puros e elevados fornecem a quem os sente, é possível sair vencedor dessa batalha.

É evidente que todos encontram obstáculos durante o percurso na Terra, mas também é verdade que Deus dá coragem, força e fé para que todos possam promover sua reforma íntima através da luta contra si mesmo, contra os leões que se infiltram no coração dos desavisados.

Ser bom e caridoso: aí está a chave do céu e da felicidade eterna. A felicidade terrena é efêmera, e aquele que não se guiar pelos sábios ensinamentos do Evangelho com certeza cairá nas armadilhas do desejo, comprometendo assim sua evolução espiritual.

25

A dor
da tragédia

O tempo passou. O relacionamento de Sueli e Bernardo se fortalecia dia a dia. Sueli se dedicava ao aprendizado do Evangelho e se sentia feliz por ver seus pais cada vez mais orgulhosos de seu esforço.

— Como pude ser tão cega esse tempo todo? – perguntava à sua mãe. – Hoje tudo está tão claro em minha mente e no meu coração que não entendo como pude ser tão leviana.

— Filha – respondia Sílvia –, para todos os nossos propósitos existe um tempo e devemos respeitar o tempo de cada um. O importante é não desistir. Hoje você age com prudência e naturalidade porque entendeu que não se pode levar a vida na brincadeira, porque a vida é o bem mais precioso que o Criador concede às suas criaturas.

— Tem razão, mãe. Envergonho-me das minhas loucuras, das atitudes insanas que pratiquei por conta de satisfazer a mim mesma, mas agora tudo ficou diferente e agradeço à senhora e a meu pai, que sempre estiveram por perto, e a Bernardo que muito me ensinou, principalmente a amar de verdade.

Sílvia ficou feliz em escutar de sua filha essas palavras. Resolveu perguntar de Gilberto.

— Sueli, e Gilberto? Tem notícias dele? Nunca mais apareceu desde aquele encontro com seu pai.

— Mãe, soube pelo Bernardo que ele foi preso.

Espantada, Sílvia repetiu.

— Preso? Como assim, por quê?

— Mãe, Bernardo me disse que foi preso porque a polícia recebeu um telefonema anônimo dizendo que menores frequentavam seu apartamento e faziam uso de drogas. Encontraram provas de que ele era na verdade um traficante.

— Filha, olha do que você se livrou, ou melhor, se libertou! Esse rapaz nunca prestou.

— Graças a Deus, mãe, acordei a tempo e consegui me reerguer.

Durante a conversa, Sílvia foi percebendo que Sueli ficou pálida, começou a tossir e espirrar.

— Está sentindo alguma coisa, minha filha? Você está pálida.

— Acho que estou resfriada, mãe, só isso.

— É melhor consultar um médico.

— Não precisa, mãe, é apenas uma gripe.

— Se amanhã você não melhorar, vamos consultar um médico.

— Está bem. Agora, se a senhora não se importar, vou para o meu quarto.

— Vá, filha, deite-se e descanse.

Sueli deu um beijo em sua mãe e subiu para o quarto.

"Estou mesmo me sentindo mal", pensava. "Acho que peguei uma gripe violenta." Fechou os olhos e em pouco tempo adormeceu.

Assim que Jonas chegou, Sílvia lhe disse:

— Estou preocupada com Sueli. Está tossindo muito e espirrando, parece-me que pegou uma gripe forte.

— Leve-a ao doutor amanhã, é melhor não deixar ir para a frente.

— Vou fazer isso, fique tranquilo.

No dia seguinte, Sílvia foi chamar Sueli e encontrou-a enrolada na coberta.

— Filha, você ainda não levantou até agora!

— Estou com muito frio, mãe – respondeu Sueli com um fio de voz.

— Frio? Mas está calor, minha filha.

— Não estou me sentindo bem, mãe.

A primeira reação de Sílvia foi colocar a mão na testa de Sueli, e estranhou por estar quente.

— Meu Deus, Sueli, parece que está com febre. Vou buscar o termômetro.

Saiu apressada.

— O que foi, D. Sílvia?

— Ainda não sei, Jandira. Parece-me que Sueli está com febre, vou pegar o termômetro.

Enquanto Sílvia foi pegar o termômetro, Jandira foi até o quarto de Sueli e, assim como Sílvia, percebeu que estava com febre.

— Sua mãe tem razão, você está com febre!

Sílvia colocou o termômetro em Sueli e confirmou o que desconfiava: a febre estava alta.

— Jandira, ajude-me, vou levá-la até o hospital.

— Por que não chama o médico aqui em casa, não acha melhor?

— Você acha?

— Sim, D. Sílvia, assim ela não se expõe ao sol.

— Está certo, vou telefonar para o Dr. Marcelo.

Assim foi feito. Em menos de uma hora o doutor chegava. Após examiná-la com cuidado, o médico percebeu que poderia ser algo mais grave.

— D. Sílvia, é melhor levá-la até o hospital. Parece-me pneumonia. Lá dispomos de mais recursos.

— Mas... Isso é grave, doutor?

— D. Sílvia, uma pneumonia não é um simples resfriado. É melhor levá-la.

Sílvia telefonou para Jonas relatando o que estava acontecendo.

— Vá com ela para o hospital, eu a encontrarei lá.

— Dr. Marcelo se ofereceu para nos levar, estamos indo com ele.

Chegando ao hospital, Sueli foi internada.

— É melhor, D. Sílvia – disse o médico. – Vou pedir alguns exames, raios X, enfim, quero saber exatamente o que está acontecendo.

— O senhor suspeita de alguma coisa, doutor?

— D. Sílvia, vamos conversar após os resultados dos exames. Assim poderei dar um retorno concreto.

Durante a espera, Sílvia e Jandira mantinham-se apreensivas.

— Por que será que ele pediu essa internação, Jandira? Por causa de um resfriado?

— Talvez não seja apenas um resfriado, D. Sílvia.

— O que quer dizer com isso, Jandira?

— Quero dizer que existe possibilidade de ser algo mais grave, uma pneumonia, por exemplo.

— É melhor aguardar.

Jonas, quando chegou, ansioso, perguntou o que estava acontecendo.

— Ainda não sabemos, Jonas. Sei que ela fez vários exames de laboratório, radiografias, enfim, não tenho ainda o parecer do médico, só nos resta aguardar.

As horas que se seguiram pareciam não ter fim. Finalmente Marcelo chamou-os, dizendo:

— Por favor, vamos até minha sala. Vou informá-los do resultado dos exames. – Com todo cuidado, Marcelo tentou fazê-los entender. – Sei que será um choque para vocês, mas Sueli é soropositiva e, pelo que vimos nos exames, a doença já se desenvolveu.

O silêncio se fez. Nem Sílvia, Jonas ou Jandira conseguiu dizer uma só palavra diante do que ouviram.

— Não pode ser, doutor, como isso foi aparecer somente agora?

— Dr. Jonas, Sueli foi contaminada pelo vírus HIV, e isso já faz algum tempo, mas somente agora a doença se manifestou.

— Quer dizer que Sueli está com AIDS, é isso?

— Fico triste em dizer, mas é isso, Dr. Jonas.

— O que fazemos agora?

— Agora vamos tratar a pneumonia e depois começaremos o tratamento da AIDS.

— Ela tem chance, doutor?

— Sim, senhora Sílvia, hoje temos condições melhores que anos atrás.

A tristeza abalou Sílvia, Jonas e Jandira. Pareciam perdidos, sem saber o que fazer, para onde ir e a quem recorrer.

— Precisamos avisar Bernardo – falou Sílvia.

— É verdade – respondeu Jonas. – Vou ligar para ele.

Assim que soube, Bernardo, completamente abalado, chegou ao hospital.

— Pelo amor de Deus, o que foi isso? Como têm certeza de Sueli ser soropositiva?

— O médico, Bernardo. Foram feitos exames que constataram que Sueli é soropositiva. Estamos aqui desde cedo, ela chegou ardendo em febre. Está com pneumonia.

A fisionomia de Bernardo se transformou e ele disse, sentindo a raiva invadir seu coração:

— Foi ele – exclamou. – Tenho certeza de que foi aquele cafajeste do Gilberto.

Ao ouvir o nome de Gilberto, tanto Sílvia quanto Jonas concordaram com Bernardo.

— Você tem razão, Bernardo, só pode ter sido ele – falou Jonas.

E lembrou que Gilberto havia dito que deixara uma lembrança dele com ela. "Só pode ser isso, não resta a menor dúvida! Que cafajeste! Vou contar para Bernardo", e assim o fez.

Bernardo se aproximou de Sueli e baixinho lhe disse:

— Estou aqui, querida, quero que saiba que a amo e que nada vai mudar entre nós.

Sueli abriu os olhos e sorriu.

— Eu te amo! – exclamou com a voz baixinha.

— Não se preocupe, vai dar tudo certo.

Passaram-se quinze dias. O estado de Sueli, para surpresa de todos e do próprio médico, se agravou, preocupando Dr. Marcelo, que já considerava a hipótese de óbito.

Uma semana depois, em uma manhã fria de inverno, Sueli fazia o seu retorno à Pátria Espiritual, deixando o sofrimento no coração de seus pais, de Jandira e de Bernardo. A dor que atingiu Sílvia e Jonas foi como um tufão que passa arrastando tudo o que vê pela frente.

— Não posso me conformar – dizia Sílvia, chorosa e quase revoltada. – É cruel demais. Por que meu Deus permitiu que isso acontecesse em nossa vida justo no momento em que tudo parecia ir tão bem? Sueli estava prestes a ser feliz com Bernardo, nem isso foi permitido.

— D. Sílvia – disse-lhe Jandira –, sofra, mas não culpe a vida, não culpe Deus. As coisas acontecem como estão previstas para acontecer. Agora é a hora de mostrar até onde vai a fé e a confiança no Criador.

— Jandira tem razão, Sílvia – falou Jonas. – Não vamos permitir que o desespero e a revolta se instalem em nosso coração. Vamos sofrer sem questionar a ação de Deus, porque sabemos que tudo acontece de acordo com a lei de causa e efeito, portanto, querida, escute o que vou lhe dizer: sofrimento com Jesus é sofrimento equilibrado. Vamos sofrer, sim, sentir saudade, sim, chorar, sim, mas não vamos deixar que a revolta nos afaste de Deus.

— Isso, D. Sílvia. Agora é a hora de nos recolher no amor de Deus para suportar tamanha dor.

Os três nem se deram conta do sofrimento de Bernardo, que, recolhido em um canto, tentava entender o que jamais pensaria que fosse acontecer: perder a mulher que amava tão cedo e de maneira inesperada.

Lembrou-se de Gilberto e sentiu uma repulsa por aquele que um dia fora seu amigo. "Pode esperar, Gilberto, porque vou aonde você estiver para vingar a morte de Sueli, dar o que você merece receber", pensou.

Os dias se sucederam lentamente para Sílvia e Jonas. Passavam o tempo lembrando da filha querida, que partira tão cedo.

— Nós vamos superar, Sílvia, vamos dar tempo ao tempo. Na vida, tudo passa. A dor que sentimos jamais irá passar, mas vai se acalmar.

— É verdade, D. Sílvia. Como disse o Dr. Jonas, tudo na vida passa. Somente Deus não passa, e Ele é suficiente para nos tirar dessa dor profunda se acreditarmos que Ele está no comando sempre. É justamente nessa hora que devemos nos aproximar mais de Deus – continuava Jandira –, e não nos revoltarmos contra a Sua vontade. Devemos, sim, orar e pedir para que abençoe nosso ente querido que retornou à pátria de origem.

— Continue, Jandira – pediu Jonas. – Suas palavras nos fazem muito bem.

— Nós cremos na justiça de Deus e por isso devemos entender que o sofrimento de hoje será a nossa vitória de amanhã, porque nosso Senhor não dá nenhuma prova que não merecemos e que não podemos suportar.

— Obrigada, Jandira, você acalma meu coração – falou Sílvia.

— Concordo com Sílvia, Jandira, e agradeço por nos oferecer sempre palavras sábias, que nos acalmam e nos fazem ver e sentir que nem tudo está irremediavelmente perdido se permitirmos que Jesus seja o farol a iluminar nosso caminho.

— Obrigada, mas, por favor, não me agradeçam. Os senhores são a minha família, a família que nunca tive.

Bernardo foi até o presídio onde Gilberto cumpria sua pena. Dizendo que queria ver seu amigo, foi liberado para a visita. Quando chegou à sala onde Gilberto já o esperava, sem dizer nada deu-lhe um soco no rosto.

— Isso é pela morte de Sueli, seu cafajeste. – Deu-lhe outro e falou: – Este é pela dor que os pais dela estão sentindo por perder a única filha.

Irritado, Gilberto disse que ia chamar o guarda se ele não parasse com aquela agressão.

— Não precisa chamar ninguém, porque o que eu vim fazer já fiz. Agora espero que carregue o remorso de ter passado o vírus HIV para Sueli pelo resto da sua vida.

Gilberto ficou lívido. Tentou se explicar para Bernardo, mas ele virou-lhe as costas e saiu, deixando-o atônito.

— Sueli morreu, mal posso acreditar. Sou soropositivo, é verdade, mas a doença nunca se manifestou. Por que com ela foi acontecer isso? – se perguntou.

Voltou para sua cela levando no coração o que Bernardo desejou, o remorso por ter sido tão inconsequente a ponto de não preservar Sueli.

Bernardo saiu levando consigo a dor de saber que nunca mais veria aquela que tanto amava.

— Senhor, dê-me forças para superar esse sofrimento, essa dor que crucifica meu coração, e que Sueli seja amparada na nova vida.

Seguiu até a casa de Sílvia e Jonas, que se alegraram com sua visita.

— Vim apenas dizer aos senhores o que fiz. Sei que não adianta, mas meu coração pedia que eu fizesse alguma coisa que pudesse fechar esse ciclo para que eu conseguisse aos poucos ir trazendo paz ao meu coração sofrido.

— O que você fez, Bernardo?

Bernardo contou exatamente o que havia feito.

— Você teve coragem, Bernardo?

— Dr. Jonas, sentia que precisava fazer alguma coisa. Ele precisava sentir de alguma forma a canalhice que fizera com Sueli. Achei que mostrar para ele a leviandade que tinha cometido iria colocar o arrependimento no seu coração, se é que ele tem coração.

— Você gostava muito de Sueli, não é, Bernardo? – perguntou-lhe Sílvia.

— Sim, D. Sílvia, gostar é pouco. Eu a amava com toda a força do meu coração, mas a vida a levou antes mesmo que pudéssemos viver momentos de felicidade juntos.

— Eu agradeço, Bernardo, por tudo o que até hoje você fez por nós, principalmente por Sueli.

— Não se afaste de nós, Bernardo. Venha nos visitar sempre que desejar – disse Jonas. – Gostamos muito de você e peço a Deus que, no momento oportuno, alguém muito especial se aproxime de você para fazê-lo feliz como merece.

— Obrigado, Dr. Jonas, virei sempre visitá-los.

Abraçaram-se, unidos pela mesma dor, mas acreditando que o tempo iria amenizar o sofrimento que sentiam e permitir que o sorriso voltasse a seus lábios.

26

O mundo espiritual

A vida na Terra é um novo ponto de partida onde damos vazão aos impulsos, desejos e prazeres que nosso físico nos proporciona, mas, muitas vezes, vivemos afastados da verdade e nos entregamos à ilusão de que podemos aproveitar a vida através dos prazeres efêmeros.

Quando de repente essa vida é cortada, levando-nos de volta para nossa pátria de origem, carregamos toda a leviandade e a inconsequência conosco, e vamos sofrer as consequências dos nossos atos levianos.

Com Sueli não podia ser diferente. Atraída por suas atitudes irresponsáveis, viu-se em meio à dor, aos lamentos, em um lugar sombrio onde as energias funestas pairavam no ar, fruto dos próprios seres que se perderam nos atos insanos praticados na Terra.

Pode alguém ser feliz e tranquilo após ter cometido faltas tão graves aos olhos de Deus, como o aborto? Cada um irá sofrer as consequências dos próprios atos cometidos durante sua permanência na Terra.

A felicidade existe, sim. Encontra-se ao alcance de todos os que a desejam, mas o homem a busca fora de si mesmo, e é aí que está o engano, porque a felicidade está dentro de nós, onde raramente a buscamos.

O aborto é um crime perante as leis de Deus, mesmo que não o seja perante os homens e, por mais que o tempo passe e este ato seja esquecido na Terra, continuará a ser lembrado na espiritualidade. Mesmo que nossa mente não se recorde mais, pagaremos por ele na mesma proporção do estrago espiritual que causamos aos nossos irmãos.

Sueli amargou a consequência dos próprios erros e enganos durante muitos anos, até que, cansada do sofrimento, clamou por auxílio com sinceridade. Ninguém fica esquecido da misericórdia de Deus, porque nosso Criador acompanha toda a nossa trajetória, respeitando nosso livre-arbítrio e aguardando o momento em que, limpos de pensamentos e sentimentos e verdadeiramente arrependidos, possamos abrir nosso coração e sinceramente dizer: "Pai, segure minhas mãos e leve-me para o Teu caminho".

Deus não nos castiga. A vida na Terra ou na Espiritualidade apenas responde aos nossos atos, na maioria das vezes impensados. A misericórdia de Deus está sempre presente em nosso sofrimento e em nossa dor, mas nossos olhos cegos nos impedem de ver.

Sueli, após longo tempo nas zonas infelizes, sofrendo a consequência de suas atitudes levianas, arrependeu-se de seus erros, orou ao Pai clamando por auxílio com sinceridade e naquele instante foi ouvida em seu pedido. A equipe socorrista resgatou-a, levando-a para o hospital de refazimento Maria de Nazaré.

Acomodada em seu leito, Sueli permaneceu adormecida por mais dez dias. Ao final desse tempo, acordou sentindo-se fraca e sem saber onde estava. Olhou para um lado, olhou para outro e não conseguia entender como fora parar ali. Surpreendeu-se com a limpeza e a ordem do quarto, lençóis macios e cheirosos. Pela vidraça aberta observou a claridade entrando suavemente no aposento aconchegante. Na parede, o rosto sereno de Jesus transmitia paz. Tudo era simples e perfumado. Sueli, envolvida por todo esse cuidado, sentiu-se bem e confortada.

Pensou: "Onde será que estou? Por que não posso voltar para minha casa? Aqui deve ser o hospital para o qual meus pais me trouxeram para receber algum tratamento". Tentou levantar-se, mas, sentindo-se muito fraca, voltou a deitar-se. "Não consigo me manter de pé, o que será que tenho que está me deixando assim, tão fraca?"

Observou que ao lado do leito havia uma campainha. "Deve ser para chamar alguma enfermeira, vou tentar." Acionou a campainha e, em segundos, entrou a enfermeira.

— Que bom que já acordou, minha irmã – disse-lhe Valquíria. – Já estava na hora.

— Onde estou? – perguntou Sueli.

— Está no hospital Maria de Nazaré – respondeu a enfermeira.

— E por quê? Quem me trouxe para cá? Estou doente?

— Doente propriamente, não; vamos dizer, convalescente.

— Mas convalescendo de quê?

Valquíria ia responder quando Hortência entrou no aposento.

— Bom dia, minha irmã, está se sentindo melhor?

— Estou, mas não entendo por que vim para este hospital se não estou doente.

— Porque você fez uma viagem longa, Sueli.

— E meus pais, onde estão?

— Permaneceram na casa onde moravam, porque não é chegada a hora de eles fazerem essa viagem.

— Por favor, que viagem é essa de que não me lembro?

— É a viagem do retorno, Sueli, a volta para casa.

— Pode me explicar melhor?

— Posso. Olhe seu corpo, veja se ele está igual ao que era antes.

Sueli olhou, observou tudo e respondeu:

— É igual, só não entendo por que não consigo tocar nele. Por quê?

— Porque você retornou à casa de Deus, Sueli, deixou seu corpo denso lá na Terra porque ele pertence à matéria. Este é o seu corpo perispiritual.

Sueli se lembrou das explicações que Bernardo lhe dera a respeito da morte e, angustiada, perguntou:

— Eu... Morri?

— Não, Sueli, a morte é uma ilusão. Ninguém morre. Você apenas se transformou. Quando chega a hora do retorno, o corpo denso fica na matéria, porque pertence à matéria. Chegamos à espiritualidade com nosso corpo espiritual. Aqui é nossa verdadeira pátria. Repare como você continua pensando, sentindo, enfim, continua vivendo.

Sueli pensou em seus pais, em Bernardo e Jandira, sentiu uma angústia e chorou.

— Acalme-se, minha irmã, você foi alvo da bênção divina ao ser resgatada das zonas de sofrimento e trazida para este hospital. Agradeça ao Senhor. A partir de agora, entregue-se à construção da sua reforma interior. Pense somente no seu presente.

— E meus pais? Quero vê-los, devem estar sofrendo muito com a separação.

— Realmente eles sofreram muito, Sueli, mas o tempo se encarregou de amenizar essa dor. Hoje vivem em paz, transformaram sua dor em alegria para muitas crianças abandonadas que vivem em orfanato porque os pais não as quiseram.

— Que triste – comentou Sueli. – Mas eles se conformaram assim em tão pouco tempo?

— Pouco tempo?

— Sim. Mal acordei aqui e eles já me esqueceram?

— Sueli, seus pais não a esqueceram. Hoje você vive em seus corações saudosos mas laboriosos. Entregaram o carinho e a atenção àqueles que nada recebem de afeto.

Sueli pensou e voltou a perguntar:

— Há quanto tempo estou aqui?

— Aqui neste hospital há dez dias, mas na espiritualidade há oito anos.

— Como assim, onde eu estava esse tempo todo?

— Nas zonas infelizes, Sueli. Você foi atraída para lá por conta dos seus enganos, do seu desejo desenfreado e da crueldade em impedir a vinda de um espírito que estava pronto para reencarnar.

— O aborto?

— Sim, o aborto.

— Mas já faz tanto tempo!

— Para a eternidade foi ontem. Não importa, Sueli, o tempo que passar, nada aqui fica esquecido e tudo necessita ser resgatado. Você ficou oito anos sofrendo a consequência dos seus próprios erros, da sua vida fútil, até que sinceramente e cansada pediu auxílio ao Pai e foi atendida.

— E agora o que posso fazer?

— Agora é continuar vivendo, irmã, aprendendo a importância do amor em todas as suas formas, promovendo sua evolução, entendendo a importância do respeito ao próximo e a si mesma e, principalmente, voltando-se para o seu Criador, respeitando suas leis e, acima de tudo, amando-O com a maior pureza do seu ser.

Sueli aos poucos foi se lembrando da vida leviana que levou enquanto no plano físico, da sua irreverência, da sua sede de prazer, das orgias em companhia de Gilberto. Tudo passava em sua mente como se fosse um filme. Sentiu-se envergonhada, sem saber o que fazer.

Hortência aproximou-se de Sueli e lhe disse:

— Minha irmã, agradeça a Deus pela bênção recebida. Os enganos do passado devem servir para nos alertar a não cometer novamente os mesmos erros. Agora você precisa se fortalecer, frequentar as palestras de Madre Teresa e trazer Jesus para seu coração.

— Era você quem me falava em sonho, não?

— Sim, alertei-a várias vezes e você não me ouvia, mas agora, como disse, é aprender para, no futuro, quando Jesus achar que é o momento, ser beneficiada com nova encarnação.

— Posso lhe fazer uma pergunta?

— Faça.

— Gostaria de saber de Bernardo. Como ele está?

— Bernardo é um querido espírito, Sueli. Está cumprindo com valentia a tarefa programada para sua estada na Terra.

— Ele ainda pensa em mim?

— Sueli, quando retornamos, deixamos na Terra pessoas que amamos. É preciso libertá-las para que continuem vivendo, fazendo suas escolhas e seguindo o caminho que seu livre-arbítrio decidiu. Bernardo guardou você em seu coração, mas continuou sua vida e hoje está casado e possui uma família linda e abençoada. Cumpre seus deveres de cristão com seriedade.

Hortência percebeu um ar de tristeza em Sueli.

— Por que esse ar tristonho?

— Sinto que todos me esqueceram muito rápido e isso me entristece.

— Sueli, não se esqueça de que sua volta à espiritualidade foi há oito anos. A vida continuou para todos os que ficaram, e eles têm o direito de reorganizar a própria vida e ser felizes. Isso não quer dizer que esqueceram de você, quer dizer que agiram como pessoas cristãs, confiantes na justiça e no amor de Deus. Sofreram, mas não se desesperaram, continuaram vivendo com essa dor no coração até o dia em que a vida os levou a caminhos edificantes. Cada um ocupou o seu posto e pouco a pouco construiu a felicidade da maneira que pôde e conseguiu. Você, como já disse, é a lembrança bonita e amada que guardaram no coração. Agiram de acordo com as leis divinas, ou seja, respeitaram a vontade de Deus.

— E Gilberto? – perguntou Sueli.

— Gilberto foi solto, mas continuou com a vida leviana de sempre, até que um dia, em confronto com a polícia, recebeu um tiro que provocou sua desencarnação no mesmo cenário em que sempre viveu.

— E onde ele está?

— No lugar para onde sua afinidade o levou, ou seja, nas zonas de sofrimento.

— Isso faz tempo?

— Faz cinco anos, mas ele se encontra perdido nele mesmo, demente, vivendo em meio ao sofrimento que ele causou em tantas pessoas. Tudo na espiritualidade segue o caminho que cada um construiu para si mesmo, Sueli. Como disse Jesus, o plantio não é obrigatório, mas a colheita, sim, é a lei de causa e efeito.

— Mas ele vai ficar assim por quanto tempo?

— Até ele acordar, sair desse emaranhado de enganos e clamar por auxílio com sinceridade, como você mesma fez.

Sueli pensou e disse a Hortência:

— Eu posso visitar minha família na Terra?

— Por enquanto, não é conveniente. Você está apenas começando a se equilibrar, ainda tem um caminho a percorrer até estar pronta para visitar a Terra e encontrar seus entes queridos. Quando estiver pronta, poderá visitá-los.

— Então me ajude, Hortência, quero aprender, melhorar e ser digna de receber as bênçãos de Jesus.

— Isso mesmo, Sueli, promova sua evolução, aprenda a amar de verdade até o dia em que Jesus permita que seja agraciada com uma nova oportunidade de retornar à Terra. Nosso Pai, em sua bondade e justiça, concede a todas as criaturas nova oportunidade de renascer na Terra, e concederá quantas vezes forem necessárias para que todos tenham a mesma oportunidade de evolução.

— Fale um pouco mais sobre isso – pediu Sueli.

— Sueli, Deus, em sua infinita misericórdia e bondade, proporciona a todos as oportunidades para cumprir sua missão na Terra. Mas é preciso estar consciente de que todos os erros, enganos e leviandades que cometemos contra nós mesmos e contra o nosso semelhante durante nossa estada no mundo físico iremos pagar até o último ceitil no mundo espiritual. Antes de tomarmos atitudes que poderão nos comprometer perante Deus, pensemos em nosso Pai, nosso Pai misericordioso e justo, em quanto Ele nos ama, nos Seus ensinamentos e nas palavras contidas no Evangelho. Assim, tenha certeza, agiremos como Seus filhos verdadeiros. É preciso aprender a falar de vida, de amor e de paz, saber abrir os braços e aconchegar aqueles que se perdem no sofrimento sem saber para onde ir. É preciso aprender a amar as criaturas que como nós também habitam a mesma casa de Deus, porque todos estão sujeitos a aflições e dores. Muitas vezes, as aflições acontecem porque nos intimidamos em falar de amor. Temos dificuldade de despertar esse sentimento maravilhoso dentro do coração e de projetá-lo para fora em direção ao coração do próximo. O que na verdade importa é aprender que a dor é sempre consequência, e não origem, saber que viemos ao mundo não para aprender a ser amados, e sim para aprender a amar.

Sueli dedicou-se ao aprendizado, frequentava as palestras, ocupava-se do atendimento aos recém-desencarnados. No momento adequado obtivera permissão para visitar seus pais, o que fez com grande alegria. Ao ver a felicidade que eles sentiam em poder cooperar no trabalho social de sua cidade, lembrou-se das palavras de Hortência e pensou: "Hortência tinha razão. A vida precisa continuar. Viver vale a pena em qualquer situação, porque todos os momentos podem ser produtivos se assim quisermos. Tudo depende de nós, da capacidade de enxergar a luz de Jesus na nossa vida, seja encarnado, seja desencarnado.

Sueli seguiu para a casa de Bernardo. Assim como seus pais, ele vivia feliz ao lado de Jussara, que lhe dera dois filhos. Por alguns instantes ela se emocionou ao ver a felicidade de Bernardo. Experimentou a doçura da saudade e sentiu melancolia ao ver que poderia estar ali, junto a Bernardo, vivendo a felicidade que não conseguira conquistar em razão da sua leviandade.

Hortência, percebendo o que Sueli sentia, disse-lhe:

— Cuidado, Sueli, não se desequilibre. Deseje felicidade e bênçãos do Senhor para aquele que ao seu lado lutou por você enquanto esteve na Terra. Agora você está em outra dimensão, aprendendo que a felicidade nasce na alma, e não no desejo físico. Que cada um siga o seu caminho.

Sueli, sabendo quão verdadeiras eram as palavras de Hortência, orou ao Senhor e, com sinceridade, desejou:

— Que você seja muito feliz sempre, Bernardo, obrigada por tudo o que fez por mim.

Hortência e Sueli retornaram à Colônia onde residiam. Passado o tempo do aprendizado, Sueli, fortalecida nos sentimentos maiores, foi chamada e recebeu com alegria a notícia de que fora agraciada com a bênção da reencarnação.

— Agora é o momento de se preparar, irmã – dissera o espírito responsável pelo departamento da reencarnação. – Jesus lhe concedeu essa oportunidade, Sueli. Que você saiba aproveitar cada dia no plano físico vivendo como verdadeira criatura de Deus.

No ano de 2010, Sueli abriu seus olhos no mundo físico, na cidade de São Paulo. Iniciava assim o seu renascimento, sua nova oportunidade para construir uma reforma íntima ao lado de pais generosos que professavam a Doutrina Espírita e que, mostrando-lhe o caminho da verdade, a levariam ao seu encontro com Jesus.

É preciso amar... É preciso ser generoso... É preciso viver... Sempre com Jesus no coração.

Que Deus abençoe a humanidade para que o amor de verdade possa pairar no ar.

Até mais ver.

Irmão Ivo

Renascer

Senhor,
Meus olhos se abriram para o mundo da matéria.
Consegui ver a luz que brilhava ao meu redor,
emanada de braços meigos que me aconchegaram.
Nasci.
Cresci.
Caminhei entre rosas... Que não consegui sentir.
Vi-me entre espinhos... Que não consegui aceitar.
Perdi-me!
Andei sem rumo, perdida na ilusão.
Mas, no meu caminho, de novo, a luz.
Era o Senhor chegando através de irmãos que já O
conheciam!
Senti-me Renascer.
Hoje posso sentir a doçura de sua mão, Senhor.
Neste aconchego de carinho e fraternidade.
E... Posso sentir a rosa.
Consigo compreender os espinhos.
Porque a cada dia... Sinto-me Renascer.
Renascer... Com Jesus!

Sônia Tozzi

Av. Porto Ferreira, 1031 - Parque Iracema
CEP 15809-020 - Catanduva-SP
17 3531.4444

www.lumeneditorial.com.br | atendimento@lumeneditorial.com.br
www.boanova.net | boanova@boanova.net